U0507278

# 群众文化的现代化建设

● 刘晶 著

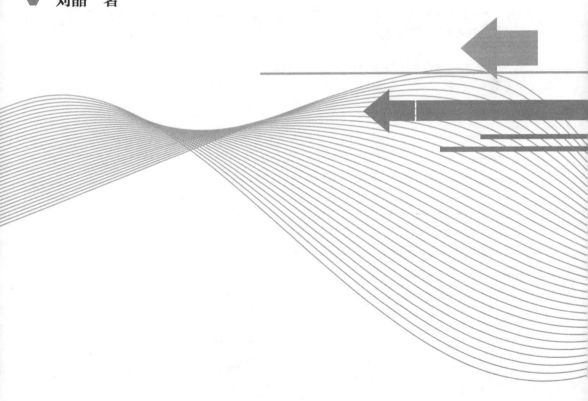

北方文艺出版社

哈尔滨

**图书在版编目(CIP)数据**

群众文化的现代化建设 / 刘晶著. ── 哈尔滨：北
方文艺出版社, 2022.8
ISBN 978-7-5317-5702-3

Ⅰ.①群… Ⅱ.①刘… Ⅲ.①群众文化 - 文化工作 -
研究 - 中国 Ⅳ.①G249.2

中国版本图书馆CIP数据核字(2022)第130842号

群众文化的现代化建设
QUNZHONG WENHUA DE XIANDAIHUA JIANSHE

作　者 / 刘　晶
责任编辑 / 李正刚　　　　　　　　　封面设计 / 左图右书
出版发行 / 北方文艺出版社　　　　　邮　编 / 150008
发行电话 / (0451)86825533　　　　　经　销 / 新华书店
地　址 / 哈尔滨市南岗区宣庆小区1号楼　网　址 / www.bfwy.com
印　刷 / 武汉贝思印务设计有限公司　开　本 / 787mm×1092mm　1/ 16
字　数 / 162千　　　　　　　　　　印　张 / 12.75
版　次 / 2022年8月第1版　　　　　印　次 / 2022年8月第1次印刷
书　号 / ISBN 978-7-5317-5702-3　　定　价 / 57.00元

# 前　言

　　"社会主义文化不仅体现社会主义制度的本质,而且是以马克思主义科学世界观为指导的文化。"中国社会主义现代化的主导是文化现代化,现代化的核心是人的现代化。"每个人自由而全面的发展,不仅是中国社会主义现代化建设的终极目标和现实的行动纲领,而且应当成为21世纪沟通世界各不同文明,使不同国家、不同民族、不同文明和睦共存、优势互补的共同价值基准和行动指南。""每个人自由而全面的发展是新世纪全人类的最高宪章。"国家构建现代公共文化服务体系,最终是实现群众文化的现代化,实现文化的现代化、人的现代化,促进人的全面发展。

　　群众文化的发展,是我国更好实现现代化的基础。同时,各地区倘若能做新形势下,国家已进入新的发展进程,基于此,加强群众文化建设,对国家的发展、社会文明建设等具有深远影响。群众文化活动的组织与策划,是社会主义文化建设的需要,群众文化工作能够让人民群众在文化活动中把所学知识转变成自己的气质精神。在群众文化活动中,文化工作者通过文化知识普及等多种形式的文化活动,实现基层群众人人能够得到文化教育的目的,同时,文化活动的开展,也能够让人民群众的社会生活更加丰富多彩。因此,为保障广大群众都能够在文化活动中有所收获,相关部门应该把这项工作渗透到群众生活的每一个角落,让人们随时随地能感受到文化的力量。经过多年努力,群众文化活动取得了一定的成就,组织与策划也更加顺利。我国经济不断发展,群众文化活动也要马不停蹄地紧随时代的洪流,把握时代的脉搏,把科学文化知识带到人民群众中,让群众文化焕发出生机和活力。如果群众文化活动能很好地开展,那么,社会主义核心价值观就能较好地得到体现,社会风气也会得到改善,人民群众的生活也将更加丰富多彩。

当前,党和国家提出国家治理体系和治理能力的现代化,构建现代公共文化服务体系,而群众文化作为重要抓手和落脚点,对提高人民群众的文化创新创造活力、保障公民基本文化权益具有重要意义。

# 目　录

# 第一章 群众文化概述

## 第一节 群众文化的内涵

文化无论是对于社会、民族还是国家来说，都具有无比重要的作用。文化是整个社会的灵魂，在一定程度上决定了民族的发展方向，甚至成为保障国家繁荣昌盛的基石。如果想要推动中华文化不断发展，使其成为世界先进文化，就必须重视群众文化，它可以有效推动先进生产力的发展。

### 一、群众文化的起源与发展

文化起源于劳动，人类文化的早期，生产力水平低下，制约着人类对自然的认识，面对纷繁复杂的社会现象，人类处于不"自由"的阶段。在人类的劳动实践中，虽然还没有有意识的审美活动，但已经产生了原始的审美现象。人类的审美活动和现象遍及劳动实践的各个领域，各种审美活动和现象都有它的共同性，也都有它的特殊性和个性。原始社会群众文化的各种表现不仅紧紧联系在一起，甚至是混合在一起的，众多艺术门类还没有独立发展的可能。

从出土的文物中我们可以清楚地看到，早在四五万年前，人类就用青鱼和鱼骨作为装饰品。可见，那时候人们除了从事最基本的满足物质生活的活动外，还从事为满足精神文化生活需要的朴素艺术实践，这是人类美的观念的产生，是原始美的启蒙。人的审美观念来自于人类的社会实践，来自于对客观事物美的感受和认识，并自发进行创造，这就是人的本质力量。人们对于无数纷繁复杂的审美对象，可以通过感官去感受它们的存在。客观存在的审美对象反映到人的头脑中，通过大脑的加工，须借助于概念和范畴，转化为审美意识和观念。那时候脑力劳动和体力劳动还没有完全分离，人们在审美活动和由此产生的审美意识支配下进行美的创造，正是古代文化的集中表现。因此，早在远古时期就已经产生了群众文化的雏形。

　　马克思主义认为,劳动创造了人,使人有了语言,有了意识,有了创造工具的能力,并且在社会的共同劳动和交往中产生了最初的艺术。在漫长的原始社会里,人类在极其险恶的环境中,在和大自然进行斗争的过程中,依靠简单的劳动工具,获取生活资料,同时也创造了最简单、原始的群众文化。在生产力极其低下的年代,人们以氏族为单位捕杀猎物,获取生活资料。当人们成功获取猎物或战胜自然灾害时,便会情不自禁地欢呼雀跃;相反,当遇到天灾人祸而难以温饱时,也会集体呼号祈求上苍。这种处于懵懂状态的集体创作,以身体有规律、有节奏的造型动作表现为特点,便是舞蹈的雏形。正如《毛诗序》所说:"情动于中而形于言,言之不足故嗟叹之,嗟叹之不足故咏歌之,咏歌之不足,不知手之舞之,足之蹈之。"

　　那时候人们总是集体作业,群众艺术活动就在这种集体劳动之余产生。

　　最初只是人类一种无意识的表达感情的行为,原始人在这种艺术活动中庆祝胜利或祈求平安。在生产力水平低下的原始社会中,艺术活动无法从劳动中独立出来,带有明显的无意识性以及实用性,其形式是集体的。正是通过这种集体的艺术活动,人类抒发了情感,提高了劳动效率。鲁迅先生曾说"杭育杭育"的声音帮助协调劳动动作,减轻劳动强度。艺术在人们的日常生产和生活中发挥着越来越重要的作用。

　　伴随着生产力水平的不断发展和人类智慧的不断提高,原始社会中自发自觉的表达发展为有意识的创造。例如,在古代典籍中就记载了反映狩猎的音乐舞蹈。舞蹈是人类艺术的始祖,同样是群众文化的始祖,直至今日都是群众文化活动的重要表现形式。原始民族的许多舞蹈,只是一种生产行为的意识的模仿或是劳动的调节。有歌有舞,反映生产劳动,歌颂祖先,歌咏五谷的茂盛和原始的信仰。舞蹈在原始群众文化中占有重要地位,舞蹈的动作从狩猎中对禽类的飞跃、对野兽奔跑的模拟等表现出来。这时的舞蹈参与者都是氏族。青海大通出土的舞蹈纹彩陶盆,盆内壁画有十五人,分为三组,每组五人,发辫下垂,并肩携手翩翩起舞,真实地描绘了当时的欢乐场面。

　　人类社会步入阶级社会以后,以氏族为单位的生活方式逐渐被自给自足的小农经济取代,出现了物质生产与精神生产的分工,于是产生了一批专门从事艺术生产的人,某些艺术门类成了某种技艺。儒家要求学生掌握的六种技能就是:"礼、乐、射、御、书、数。"其中乐就是指艺术。出现了一批以"卖艺"为生的艺人,如民间说书人、街头的杂耍艺人、宫廷画师、宫廷乐师等。在阶级社会中,统治阶级的文化占主导地位,君王花钱专门请人进行艺术创作,专业艺术极其繁荣。处于被剥削阶级的人民大众,虽然面对着苛捐杂税,面对着繁重的生产生活,但也创造出了丰富的群众文化成果。最为典型的就是《诗经·风》,其内容便是古代帝王派乐官从民间诗歌中收集整理而来的。这些诗歌语言通俗易懂,内容都来自百姓平时的生活,是百姓用他们的智慧创作而成的,最终成了中国传统文化的瑰宝。在民间,产生了各种地方特色浓厚的曲艺形式以及节日的庆祝形式——庙会。例如,河南宝丰的马街书会起于元代,盛于明、清,是中国历史最悠久的民俗庙会之一。

每年正月十三都会有来自全国各地的说唱艺人和河南各地的群众潮水般涌向河南省宝丰县的马街,参加一年一度的"十三马街书会",即马街书会的前身。来自全国各地的说书人云集于此,有的甚至不惜长途跋涉。在这里,说书人都是随便找一块儿空地,摆下简易桌椅,虽然没有舒适的座椅,豪华的剧院,但一点儿也不影响说书人表演的激情。即使条件如此简陋,也还是可以听到悠悠的琴声和韵味十足的歌声。马街书会的盛况完全可以用"一日可看千台戏,三天可读万卷书"来形容。在马街书会上,四面八方赶来的乡亲们变成了艺人,演绎各种曲艺形式,如河南坠子、凤阳花鼓、陕西快板等。类似马街书会这样的庙会是广大人民群众在物质生活并不是十分丰富的年代欣赏艺术表演的少有机会。类似马街书会这样的民俗文化应该成为我国当代群众文化建设的宝贵资源,其群众性以及文化价值都十分重要。①

虽然这些艺人都是普通群众,大多没有受过专业训练,表演的艺术性以及专业性与专业团体相比都相差甚远,但正由于他们来自民间,这样的表演形式直至今日都具有别样的魅力和吸引力,在两千多年的封建社会中,中国的群众文化以独有的方式存在并发展。

## 二、科学地界定"群众文化"

中华人民共和国成立之后,首次提出和使用"群众文化"这一概念是在1953年。1953年,文化部发表了《关于整顿和加强文化馆、站工作的指

---

① 谢桂领,许珏芳,何立营. 文化工作与群众文化建设研究[M]. 长春:吉林人民出版社,2020.

示》，明确地使用了一些如"群众文化活动"等具有专指内容的名词。从那时起，"群众文化"作为一个专有名词而被广泛应用，这里所说的"群众文化"主要是与"专业文化"相对的。随着我国社会主义革命和社会主义建设事业的发展，党和政府越来越重视文化工作，从中央到地方都成立了专门管理文化事业的部门，文化部设立了群众文化事业管理局，各地市、自治区文化局也设立了群众文化处或社会文化处。党的十一届三中全会以后，随着人民生活水平的迅速提高、人民群众的求真求善求美的愿望日益强烈，出现了文化热。

中共中央于1981年发出了《关心人民群众文化生活的指示》，对人民群众的业余文化生活进行指导。随着社会的发展，"群众文化"这一概念的范畴越来越广，它自身具有历史传承性和鲜明的时代性的特征。目前，有关群众文化的定义理论界论述众多，在新的社会背景和历史条件下科学地定义群众文化是十分重要和必要的。

群众文化是广大人民群众在闲暇时间自发、自觉参与的，以满足自身生活需要以及审美需要的，以文艺活动为主要载体的社会历史现象。群众文化在我国社会主义社会中长期存在并不断发展。

群众文化有独特的优势。首先，它不具有功利性，不以商业为目的；其次，它的参与者是普通群众，主体十分广泛。这就决定了应该把发展群众文化作为提高全社会审美能力的有力手段。而作为社会主义精神文明建设重要组成部分的群众文化工作也应该被重视。群众文化范围广、对象多的特点决定了群众文化是当代进行社会美育的最佳手段。充分发挥群众文化的功能尤其是审美教育功能意义重大，它能够丰富人民群众的文化生活，能够培育社会文明风尚，更能够促进文化大发展大繁荣。

## 第二节　群众文化的本质特征

事物的本质，是指该事物性质中最主要的、最根本的、本来固有的属性。群众文化的本质特征，就是可以作为群众文化特点的象征或标志。群众文化的本质，决定了它具有群众性、自娱性、倾向性和传承性等显著特征。这些基本的特征,从不同方面反映着群众文化的本质,它们具有代表和象征群众文化这一客观事物的整体意义。

## 一、群众文化的群众性

### (一)群众性的丰富含义

群众性是群众文化在其主体方面所固有的显著特征。从一般的意义上去理解,作为论述对象的群众文化,便是全体人民大众以满足自身精神需求为目的而进行的文化行为以及成为客体的物化成果。从这种角度上看,群众文化的群众性可以说是全民性的同义语。然而,在理论上把群众性作为群众文化的本质特征来分析时,它就不仅仅像全民性那样主要是群众文化活动主体的量的显示,而是具有更为丰富的含义。

第一,群众性表明群众在群众文化中的主导地位。一方面,在阶级社会里,群众文化是指被剥削和被压迫的劳动群众的文化,它与反动统治阶级的文化尽管有千丝万缕的联系,但却相对立而存在。在消灭了剥削阶级的社会里,群众泛指所有人民大众,任何群众性文化都是人民大众的文化。在这里,群众性表明群众文化是人民大众所拥有和享受的精神文化。另一方面,群众作为群众文化的主体,是群众文化发展的驱动者和调节、支配的力量。群众文化能在数千年历史长河中不断成长、发育、更新和走向成熟,其动力何在?显然是世世代代的劳动人民,是他们的文化需求和文化创造这对矛盾的力量,推动着群众文化随着社会进程的发展而不断发展。同时,在群众文化的历史进程中,劳动群众以自己的审美意识和创造能力,自如地驾驭群众文化客体,进行能动的群众文化继承与创新,充分显现自己对群众文化的自觉调节与支配的力量。群众文化之所以为群众文化,正在于它给人以精神自由,使人自由地展现其意识和情感。不然,就失去了群众文化的意义,也失去了它发展的内力。可见,群众在群众文化中具有不可动摇的主导地位。

第二,群众性表明群众在群众文化活动中的自我性,即人民群众自我进行的一切真正意义上的业余文化活动,其目的都是满足自身的精神文化需求。一部人类群众文化史,实质上就是人民群众继承、创新、传播并在其全部过程中享用这种群众文化的历史。在现代社会,各种社会制度特别是社会主义制度下的劳动群众,比以往有了更为充分的发挥文化才能的机会、条件和享受文化的权利,不仅能享受到日益丰富、高雅的文化生活,而且日益广泛地直接参与各种形式的旨在表现自我的文化艺术活动。这种进步的根本原因,不外乎人类社会精神、物质的文明和与此同时人的素质的不断提高,而这种社会文明又是同群众文化的自我性紧密联系的。我们还可以看到这样一种客观现实,随着人类社会的不断进步,人们对于精神文化的需求在质和量两个方面也逐渐提高,因此,群众文化领域越来越成为人们满足自身精神文化需求的重要途径。这样,群众在群众文化中的自我性也将更为突出。

第三,从群众在群众文化中的主导地位和自我性中,我们可归纳出群众在群众文化中的自主性。这种自主性,一方面体现在群众文化发展的驱动者和调节、支配力上;另一方面,体现在群众对文化形式与内容的选择、评判等决定群众文化现象的作用上。具体地说,人民群众总是自觉地利用一切群众文化的手段去表现人民群众自己,歌颂人民群众的优秀品德与智慧,鼓舞人们精神振奋地投身社会实践。因此,群众文化无论在内容上还是形式上,都是适合广大群众的需要的,表现出其显著的功利性,即人民群众总是通过群众文化来反映自己的生活和变革要求,表达自己的愿望和要求。正因为这样,群众文化具有鲜明的、直接的人民性。

群众文化的自主性,还表明一切进入群众文化生活领域的文化艺术产品都要由群众检验。不仅作为"专业文化"的文学家、艺术家生产的文艺产品在进入群众文化领域时要由人民群众来评判与选择,而且民间所进行的各种文化活动及其所产生的文化产品,也只能由人民群众去检验其优劣。从总体意义上说,群众也总是以社会的主人翁姿态,用社会价值观念来检验所有的文化艺术。因此,在社会主义国家的群众文化发展过程中,当一种有害的文化艺术出现时,社会就会出现一种本能的抵制,产生与之抗衡、较量的文化现象。这就是人民群众对之检验后所做出的敏感的反应。

### (二)群众性对社会的要求

群众在群众文化中的主导地位、自我性以及自主性,从群众对于群众文化发展的积极性、主动性和自觉性方面证明了群众文化的群众性特征,而当我们把视点移至这种群众性的社会联系方面时,可以发现,它还表现在群众的文化生活对社会的种种客观要求上。

第一,群众文化的群众性,要求社会的群众文化的供给、服务对象是全体人民群众,而不应因社会阶层、民族、地域和职业、年龄等方面的不同而产生差别。一个人自幼儿至老年的生命历程的各个阶段,都有其不同的精神文化需要,都有参与各种文化艺术活动的需求。从时代的纵向看,不同历史时期,都有与当时社会状况相适应的群众文化,在社会发展日新月异的当今与未来,群众文化更是每个人不可缺少的精神生活内容。从现实社会的横向看,不同国别、不同民族和不同思想文化修养的人,都有各自的群众文化需要。由于物质条件的差异,他们的文化需要也有着差异性,对群众文化的质与量的要求不会也不可能达到相同的水准。但只要是正常的人,绝对不会没有文化生活的需求。因而,社会相关部门、机构应当把全体人民作为群众文化的供给、服务对象,不能有所偏视或遗忘。这是群众文化的群众性所规定的基本要求。

第二,群众性要求社会努力满足群众的文化需求。这与群众文化的服务对象,是同一问题的两个方面。一个是服务的"面",一个是服务的"质量"。这种质量上的满足,集中地体现在普及与提高两个方面,如何对待普及与提高的问题,实质上就是群众文化事业建设的群众观点问题。群众文化的普及,就是把最急需的和容易接受的群众文化提供给人们。在覆盖面上,要求把群众文化普及到全体群众中去,尽可能达到最广的面和最多的人员。在群众文化的内容上,要求既符合广大群众的利益,又适合他们的文化知识水平、艺术鉴赏水平和欣赏习惯。

努力地满足群众逐步升高的文化需求。与普及一样,提高也是群众文化工作的群众观点问题。提高只是相对普及而言的一种层次,当在普及的基础上出现了新的提高,原先的提高也即成了普及的层次。可见,群众文化的普及与提高是相互联系和相互促进的,是群众文化永恒的发展方式,它们永远受制于群众文化的群众性的客观要求。

第三,群众性要求社会的一切群众文化活动必须符合群众的意愿。自愿性是群众文化活动的规律性表现之一,任何真正意义上的群众文化活动,都必然是合乎人们意愿即群众自发组织或自愿参与的活动。如果没有群众的自觉和自愿作为前提,一切群众文化活动都会因徒具形式而失败。而当人们选择了自己有兴趣的适合自己需要的文化活动,他就会产生自愿参与的热情。所以说,尊重群众的意愿是开展一切群众文化活动的先决条件。当然,我们所说的群众意愿是从总体上说的社会性的群众意愿,是同社会发展和全体人民群众利益相一致的意愿,而不是从个体上说的群众每一分子的意愿。

从局部和个体来说,其群众文化的需求和意愿并不一定都是与社会的价值观相一致的。所以,应当在分析和区别的基础上,引导群众的文化审美情趣,改造个体不符合社会要求的价值观念,使之符合人民群众的根本利益。这样做,是从宏观上尊重了人们的群众文化意愿。

第四,群众性要求不断提高群众的文化实践能力和占有水平。文化实践能力是由人们的文化科学知识水平和文艺鉴赏水平决定的,提高实践能力就要求在原有基础上提高人们的文化科学知识水平和文艺鉴赏水平,从而激发他们的创造精神、增强他们的创造才能。显然,这是全社会的共同任务。人们的群众文化占有水平是同他们的文化实践能力密切相关的。

总之,群众文化的群众性特征,不仅从人民群众在群众文化中的主导地位、自我性和自主性三方面表现出来,还表现在人民群众对社会中的种种群众文化的客观要求上。这些形成群众性特征的表现,是由群众文化本质所决定的。指出群众文化的群众性特征的实践意义在于,使社会的有关方面增强群众观点,在尊重群众意愿的前提下,创造条件,尽力满足全体人民群众的精神文化需要。

## 二、群众文化的自娱性

### (一)自娱性的重要意义

每一个正常的社会人,都有享受愉悦的要求,而以文学艺术为中心内容的群众文化的一个外在特点,就是娱乐性。这样,群众文化的主客体便以娱乐为中介构成了紧密的联结。人们在求乐心理的驱使下,怀着或赏心,或悦目,或益智,或健身的期望,通过群众文化活动获得心理和生理上的满足。所谓自娱,就是这种使自己快乐、愉悦的精神活动的过程。显而易见,在这一过程中,娱乐是群众参与文化活动的最直接的目的。人们收看电视节目,文艺爱好者登台表演,喜庆节日舞狮迎灯,体育迷球场竞技,等等,其文化行为的动力往往来自于他们的求乐心理。

群众文化的自娱性,由此而成为群众文化的外在特征。群众文化的自娱性特征,鲜明地表现在群众文化历史中。溯察原始初民的文化活动,就是以求乐为主要目的。《竹书纪年》中记载的"击石拊石,以歌九韶,百兽率舞",今人认为这是四五千年以前的先人的舞蹈活动,是原始人"以轻松的形式把自己的心情和感受传达给别人,表现一下自己满足和从原始生存中得来的欢快"。

自古至今,群众文化之所以历久不绝,代代出新,其奥秘之一就在于任何时代、任何地方的群众文化都具有鲜明的娱乐性。诚然,从社会的角度来看,群众文化的娱乐性作用,不仅仅是满足人们的愉悦心理,它还具有多方面的社会功能。例如,由娱乐活动的思想内容所产生的教化功能;因娱乐活动使人消除疲劳,促进生产的经济功能;由娱乐活动对人们激发情趣,提高其审美情趣而形成的审美功能;等等。这些由于群众文化的自娱性起作用而产生社会功能的客观存在,就是人类群众文化充满生机、蓬勃发展的根本原因。假如群众文化不具有娱乐性,那它就必然黯然失色,而缺乏引人自娱的魅力,当然也就难以设想它还有什么生机与活力。

**(二)自娱性的形成原理与类型**

群众文化的自娱性这一特征的形成是一个心理范畴的问题。人的心理活动的一个重要方面是情绪和情感。情绪是与生理需要相联系的,当生理上的需要在群众文化活动中得到满足时,就有快乐的情绪体验。快乐是人最基本的四种情绪之一(另外三种是愤怒、恐惧和悲哀),通常是盼望的目的达到后继之而来的紧张解除时的情绪体验。群众文化就是获得这种快乐的情绪体验的最佳途径。情感则是人所特有的同社会性需要和人的意识紧密联系的心理现象。群众文化的娱乐特征必然会作用于群众文化活动中作为主体的每一个人,并结成一种审美关系,产生具有具体内容的审美情感。当群众文化活动中的主体之间有了共同情感,就产生了所谓"同声相应,同气相求"的共鸣现象。这就是群众文化的自娱性特征形成的心理缘由。[1]

现代科研充分证明,文化娱乐作为人的情绪与情感的审美体验和表达对象,对人体的健康是十分有益的,因为适度的愉悦对人的心理功能具有良好的调节作用。俗话说"笑一笑,十年少",是具有乐而益健的科学道理的。

一位生理学家说:愉快可使你对生命的每一个跳动,对于生活的每一

---

[1]黄丽. 新时期群众文化研究[M]. 银川:宁夏人民出版社,2014.

个印象易于感觉,不管躯体和精神上的愉快都是如此,可以使身体发展,身体健康。从社会的角度来看,人们参与和享受一定的文化娱乐生活,也是人类社会实践的需要。人的生命活动是张与弛、劳与逸的结合。

适度地进行一些轻松欢快的文化娱乐活动,对于消除疲劳,恢复脑力和体力,提高劳动者重新投入劳动的能力,都是十分必要的。可见,思乐、求乐是人之常情,群众文化的自娱性,就是群众文化主体的这种娱乐心理同群众文化客体的娱乐特性相统一的结果。

然而,不同的群众文化的娱乐性和不同的人的娱乐心理,都具有很大质的差异性。不同的年龄、性别、职业,不同的经济条件、文化修养、风俗习惯和兴趣爱好的人,有不同的求乐动机和娱乐条件,从而直接影响自娱性文化行为的性质,并使自娱性群众文化活动呈现不同的类型或层次。

从由人的娱乐动机所实现的自娱性群众文化活动的性质、品性上分析,自娱心理和娱乐行为可区分为有益型和无益型(或称有害型)两大类。凡是有利于人们身心健康的,无论其益的程度如何都属于有益型;反之,则为无益型。只有适度才能达到自娱的有益的目的。

在不同的国家不同的历史时期,对群众文化的自娱心理及其行为的"益"与"害"的判定标准有一定的差异。无论在何种社会意识形态之下,群众文化自娱心理的产生、演变的基础,受一定社会的政治、经济条件的影响。这些条件的变化,引起群众文化自娱心理产生相应的变化。当今人类社会,大众的文化娱乐鱼龙混杂,但占主导地位的是有益型娱乐。由于群众文化具有普遍意义上的自娱性,在社会主义和资本主义不同意识形态的国度之间,群众文化成为不同意识形态相互渗透、传播的重要途径和领域。由此,群众文化比以往承担着更繁重的思想教化责任,群众文化的自娱心理以及文化行为也呈现出更为复杂的态势。因而,对人们的群众文化自娱心理进行必要的引导,日益成为社会调控的重要内容。

### 三、群众文化的传承性

#### (一)传承的机制与意义

一定时代的群众文化总是一定时代的经济和政治的反映,总是伴随着一定的经济形态而产生、发展的。然而,作为意识形态的群众文化一经产生就具有相对的独立性,并有自己发展的特殊性。其中一个重要的表现,就是它同以往时代的意识形态、群众文化产生割不断的联系,要受其作用和影响,从而形成自己独特的发展方式;每个社会、民族,在各个时代都是通过不断传承而形成其群众文化传统,并在此基础上发展和创造出新的群众文化的形式与内容。这种使群众文化成为一个不间断的连续存在的特性,就是群众文化的传承性。

之所以有这种传承性,是因为群众文化的发展都必须和必然是在已有的群众文化历史的基础上进行的。马克思曾指出:"人们自己创造自己的历史,但是他们并不是随心所欲地创造,并不是在他们自己选定的条件下创造,而是在直接碰到的、既定的、从过去承继下来的条件下创造。"这是社会生活的一般发展规律,也是群众文化的一般发展规律。群众文化自萌芽后的全部历史,就是不断传递、保存、延续、创造的前后相承的过程,是一个由低级向高级,由简单到复杂的循序渐进的过程。任何时代和任何地方的群众文化都不可能截断它的发展、抛开它的历史而重新开头,也不可能跨越历史超前发展,而总是随着整个社会的进程在原有群众文化的基础上发展。所以说,所谓群众文化的传承性,是指群众文化发展的一种时间序列形式和社会遗传性。

承续群众文化的"遗传基因"是一定民族的群众文化的心理结构。社会的文化思想,特别是统治阶级的文化思想,在历史进程中无孔不入地渗透在人们的观念、行为、风俗习惯、思维方式、伦理道德、社会价值之中,构成国家、民族的相对稳定的心理结构和性格特征,形成人们相对稳定的群众文化价值观,并建构起群众文化的传承机制。这种传承机制集中地体现出一种保持群众文化的民族特色的心理内驱力。

所以,每一时代的群众文化对于传统群众文化的继承,总是根据所属时代、阶级的需要,以群众文化价值观为内在尺度,有选择地接受一些抛弃一些,并不是毫无选择地兼收并蓄;总是继承那些合乎一定群众文化价值观念的、先进的、优秀的遗产,而不可能是不加区别地全盘传承。群众文化的发展史就是这样一种世代依次交替的除旧布新和推陈出新的前进过程。这就是肯定、否定,否定之否定的辩证法的规律在群众文化发展中的反映。

从这种本质的意义上来看,群众文化的传承性是一种历史的联系和循环的过程。具体地说,任何时代都必然地并且必须从前辈那里接过群众文化的一些形式和内容,注入现实的生活内容,创造新的形式,树立一个发展阶段的里程碑。这一新的发展阶段又传给下一代,成为下辈群众文化发展的必要基础。

因而,假如我们把人类社会的群众文化发展史当作一个无限延伸着的物体,从其纵剖面来看,它是一条时代性的链条;而从其横截面来看,它则铭刻着一个个时代的生活内容和社会形态的印记。由此我们又可以这样认为,群众文化的历史传承过程实质上就是一个不断创造的过程。无论人们是否意识到,事实上他们都是群众文化的传人,在进行着群众文化的创新和传播。假如没有这种创新和传播,群众文化发展的历史链环就会因此中断而得不到延续。

群众文化的传承性表现在它的内容上和形式上。从内容来说,每个时代的群众文化,一方面从过去的群众文化中接受其思想上的影响,汲取其思想上的精华;另一方面又教育着当代的人们,并给予后代群众文化以思想的影响。从形式来说,世界各民族的群众文化之所以呈现出截然不同的特色,在群众文化的表现形式和表现技巧等方面各有独特之处,是各民族的群众文化形式在历史的发展中代代相承的结果。群众文化无国界。无论是内容还是形式,它不仅传承本民族的,也传承人类创造的一切有价值的群众文化的成果。

### (二)传承过程中的创造性

这里所使用的"传承"的概念,有别于"继承"。继承是指继续或接续,是承受前人遗留之物或做前人未完之事,是一种继承者的自觉的行为。而传承则包含着承继和下传,是指承上启下、承先启后的历史关系,并在其中必然地包含着创造的成分作为下传的必要条件;它有自觉行为和不自觉行为两个方面。传承性作为一般的哲学概念,是事物发展的客观过程的属性。群众文化的传承性正是这样一种承与传的动态过程。

这种传承关系意味着群众文化的传承性不仅是一种发展的过程,而且是继承与创造的辩证统一。在这里,"承"与"传"的是前人所积累的群众文化成果即群众文化遗产,同时又批判地分析和创造性地革新这些群众文化遗产。继承是对以往的群众文化成果的肯定的一面,创新是对以往的群众文化成果的某种扬弃和否定的一面。在这里,没有继承便没有创新,创新中包含着继承的因素。只有这种创新,才不至于使传承成为对群众文化历史遗产的重复,也才能使群众文化永葆其随历史发展的内在活力。从这种意义和层次上说,创造性与继承性同样是群众文化的特征;即使在群众文化的传承性之中,作为要素之一的创造性也居于主要地位,因为它决定着传承的活力和发展的方向。之所以这样认为,是因为群众文化传承性中的创造性在群众文化的传承过程中具有关键的作用。

第一,其创造性能够突破群众文化传承过程中的许多客观制约因素。群众文化的传承性具有一定的特殊性。一般说来,它不仅较物质生产领域的传承关系复杂,而且较社会精神生活领域中某些其他的传承关系复杂。因为群众文化的发展虽具有相对独立性,但却是在经济、政治、文化,甚至还有宗教等的"合力"作用下进行的。它们对群众文化的历史成果和现实必要性,具有不尽一致的解释与选择,具有不尽一致的价值判断和态度,或者说可能有悖于群众文化发展的客观规律。在这样的情况下,群众文化的创造性功用,能使群众文化在种种特定的发展环境中维持生存和发展,适应和续传。

第二,群众文化传承性中的创造性能够突破群众文化传承过程中的许多主观制约因素。毫无疑问,我们所要继承的优秀的群众文化遗产,是具有普遍意义的事物同具有具体历史意义、现实意义的事物辩证地交融的结合体。正因为这样,它具有相对稳定性并在以后的群众文化发展中发挥作用。

这些优秀的群众文化遗产虽然是社会意识筛选过的创造性成果,但是,它主要的可贵之处在于不同程度地表现了一定历史时期的社会生活,在于适合一定历史时期人民群众的审美需求,而要继承过来用于当今群众文化则不一定完全合乎现实。人们的群众文化需求决定于一定时代的社会环境与历史环境,如果不是根据时代的变化和人们的现实需求对群众文化遗产进行必要的选择和创新,就不能有效地继承和发扬群众文化遗产的优秀成果,也就不能满足当今人们的群众文化需求。唯有创造性,才能使群众文化适应其主体主观因素而不断发展。

第三,群众文化传承性中的创造性能够且应该对意识形态性带来复杂化的情况。群众文化不同于自然科学,自然科学的成果能为人类普遍认可;群众文化的意识形态性,使得它的传承机制复杂化。以往的群众文化遗产进入现在一定范围的群众之中,要以他们的意识形态所规定的共鸣为条件。按理说,作为优秀的或非优秀的群众文化遗产,都容易做出吸收或排斥的反应。可是,往往会有这种情况,由于政治、宗教等中介因素的作用,使一个时代不是直接地承继上一个时代的群众文化成果,而要隔代承继发扬,呈现非直线性的螺旋式发展。这样,群众文化的创造性功能便起到对"发展中断"的连接作用。另外,当过去的群众文化产品完整地进入现在的群众文化生活时,即使其产品原来所赋予的意义与现在的社会生活相去甚远,现在的人们也会以新的社会意识去理解、解释它,给它以新的定义。这也是一种潜在的群众文化传承中的创造性。

此外,人们面对的是一个纷繁的群众文化世界,不管你愿意不愿意,古代的、现代的、本土的、域外的、精华的、糟粕的,种种群众文化现象都会通过一定的途径扩散、传播开来,在各民族、各地区之间互传,一齐进入一定地域人们的文化生活中,亦即进入群众文化的传承过程。而人们既不能全盘否定,又不可以全盘接受,必须以一定的群众文化价值观念进行挑选、批判,让所适合的群众文化客体进入自己的传承过程。这其中,就体现着群众文化传承中的创造性。只有这种创造性,才能取其精华,去其糟粕,保证群众文化发展的无限延伸。

# 第三节 群众文化的功能

在人类学界,人类学大师马林诺夫斯基(Marinovsky)对文化现象进行功能分析,他认为:"文化是包括一套工具及一套风俗——人体的或心灵的习惯,它们都是直接地或间接地满足人类的需要。一切文化要素,若是我们的看法是对的,一定都是活动着,发生作用的,而且是有效的。文化要素的动态性质指示了人类学的重要工作就在研究文化的功能。

## 一、交往娱乐功能

马克思指出:人的本质是一切社会关系的总和。即社会关系源于人,因为有了人类,人与人之间便产生了各种复杂的关系,这些关系就统称为社会关系。人类总是生存在一定的社会关系之中并且要融入一定的社会关系中,因此,交往和娱乐成为人类的基本需求之一。群众文化的社会功能之一就是交往、娱乐功能。

一方面,对群体性的交往、娱乐的需求是人类这个种群的一种本能需要。而群众文化活动对艺术性、专业性要求都不高,是一种群体参与的娱乐活动,老少皆宜。人民群众主动参与群众文化活动,自发自觉地基于共同的兴趣爱好聚在一起,由于它不是被动参与,这样的群众文化活动往往能够让参与其中的群众真正感受到人的本质力量。形式多样的群众文化活动已经成为现代人生活的重要方面。参与群众文化活动,实现了人与人之间的交流,打破了钢筋水泥筑起的墙,增强了人与人之间的信任感。全球最杰出的幸福研究员、哥伦比亚大学经济学家约翰·海利维的研究表明,人与人之间的信任感是衡量一个国家幸福感的重要指标之一。幸福感并不仅仅与物质生活相关,也与文化生活密切相关,参与积极向上的文化活动,享受文化赋予人们的权益,才能够感到幸福。

另一方面,人们的闲暇时间越来越多的原因就在于劳动生产力的提高,使得同样的劳动所付出的时间越来越少。当代社会人与人之间关系的复杂、感情的单薄,正是社会化大生产造成的,社会化大生产的弊端在当代越来越凸显。在城市,由于社会劳动分工的细密,生活压力的加大,人们的交往范围不断缩小,人与人之间的交流越来越少,甚至只局限于工作或者学习的小圈子。人与人缺乏交流所导致的心理和社会问题时有发生,在这种情况下,群众文化活动恰好为人们提供了一个彼此交流的平台。

**二、自我实现功能**

美国著名心理学家马斯洛(Maslow)将人的需要划分为五个层次,即生理需要、安全需要、归属和爱的需要、尊重需要以及我们所要谈到的自我实现的需要。马斯洛(Maslow)指出:"我们必须放弃一个古老的错误观念,所谓极乐世界就是一种幸福的休闲状态。"而群众文化活动的参与者正是利用闲暇时间自觉自发地参与进来,不掺杂任何利害关系。笔者认为,群众文化有利于人的自我实现,是通往自我实现的重要途径。艺术可以满足人的自由精神追求,完成人的自我实现。参与群众文化活动的群众有自己的职业、收入,不带任何功利色彩地参与到群众文化活动中来。群众文化的群众性、通俗性又决定了它并没有严格的规则,专业性不强。

人有感性冲动与理性冲动,二者都存在非自由性质的强制因素,如人在感性冲动下会受到自然本能的强制,而在理性冲动下则受到的是理智的强烈约束。只有审美冲动才能让人充分体验到精神自由,获得自我实现的愉悦感。艺术就是一种自由的审美活动,是人自我实现的一种具体途径。

### 三、审美教育功能

群众文化是个具有多功能、多要素的系统工程,它不光有宣传教育、传播知识、扩大交往、娱乐消遣、信息传递等功能,还具有重要的美育功能。美育一般认为是由德国诗人、美学家席勒(Schiller)在《美育书简》中提出来的,也就是从那时起美育被作为一个相对独立的、明确的教育范畴。美育,即"审美教育",这个词最早在中国是由王国维、蔡元培等人翻译过来的。它以形象为手段,以情感为核心,以实现人的全面发展为宗旨。蔡元培认为:"教育家欲由现象世界而引以达到实体世界之观念,不可不用美感之教育。"[①]

美育在整个教育体系中占有十分重要的地位。美育是美学和教育学结合的产物,其目的就是用美教育人、教化人。美育的内容主要包括艺术美、社会美、科学美等,艺术美是其最重要也是最典型的内容。艺术在提升人的审美情感、激发人的创造活力方面具有积极的作用。可以说,艺术是人类创造性发挥最为充分的领域,而创造活力又是推进经济和社会发展的重要保证,是促进社会和谐的动力。"兴于诗,立于礼,成于乐"是孔子对艺术功用的最好的概括,他把乐看作教的最高境界。孔子更是把"乐"看作六艺之一。而孔子办学的目的不是培养专业技术或艺术人才,而是进行道德教育,塑造理想人格,培养"贤人""仁人""圣人",这与今天我们提倡的美育的目的不谋而合。王国维认为:"美术之慰藉,现实的心。"

德国观念艺术的代表人物波伊斯主张"人人都是艺术家",打破了艺术与生活的界限,认为艺术就是生活,生活就是艺术。他主张,人人都应行动起来,通过艺术塑造自身。对于普通群众来说,便是通过参与群众文化活动,感受美、发掘美,从而使群众文化的美育功能更好地发挥。

作为我国社会主义精神文明建设的重要组成部分的群众文化,应该随着经济的发展而不断创新。近年来,人民群众的精神文明生活需求发生了

---

①汲广运,徐东升,李纪岩. 马克思主义群众观研究[M]. 济南:山东人民出版社,2014.

重大变化,我国的文化形态也应该随之变化,群众文化在城乡人民生活中的地位和作用显得格外重要。在这样的背景下,群众文化的审美教育功能更应该得到重视。广大人民群众通过参与积极向上的群众文化活动提高道德水平和审美水平,自觉抵制不良文化的侵袭。

# 第四节 群众文化的产生和发展规律

## 一、社会存在是群众文化生存的基础

社会存在是群众文化生存的土壤。根据历史唯物主义的观点,社会存在是第一性的,社会意识是第二性的。不是社会意识决定社会存在,而是社会存在决定社会意识。群众文化属于社会意识形态,是社会存在的一种反映。人类没有出现,也就没有社会存在,没有群众文化所赖以生存的土壤。

群众文化只是因为有了作为其主体的人的文化活动,有了能展开文化活动的社会环境才得以生存的。

群众文化活动的种种形式,是社会生产力和生产关系的反映。当人类与生产资料(生产工具和劳动对象)相结合构成了征服、改造自然的能力,这种社会存在之中的生产力就执着地反映到群众文化中来。

固然,群众文化与其他意识形态一样,也具有相对独立性,对社会的发展起着巨大的能动作用(促进的或阻碍的作用)。有时,在特定的社会经济基础改变以后,这种基础的群众文化在相当长的时间内还会存在,并产生一定影响。因为群众文化作为一种社会意识形态对社会有依赖性,所以随着社会存在的变化,群众文化也必然会或迟或早地发生变化。

自从"随着完全形成的人的出现而产生了新的因素——社会",群众文化就与作为其生存土壤的社会存在,连绵不断地演化着永无止境的生命进程。

## 二、社会的变革是群众文化发展的外因

辩证唯物主义认为,社会生产力同生产关系的矛盾,经济基础同上层

建筑的矛盾,是人类社会发展的根本动力。

社会生产力的发展,要求生产关系与之相适应,进行相应的调整和变革,这就构成了生产力同生产关系的矛盾运动。生产关系(经济基础)的调整和变革必然会引起上层建筑与经济基础的矛盾,从而也就推动了经济基础同上层建筑的矛盾运动。人类社会发展史表明,社会的变化就是由这种矛盾运动引起的。而群众文化的发展史则昭示了群众文化变化的根本原因(不是唯一的原因)在于社会的变化与革新。

原始公社时代全民性的群众文化表明的是集体劳动、狩猎和对自然、祖先、图腾等方面的崇拜,反映的是与自然的依存和矛盾关系。由于生产力的进步,产生了剩余劳动力,随着生产资料私有制的逐步发展,原始公社逐步解体过渡到了奴隶社会。在奴隶社会中,生产关系发生了根本变化,奴隶主不但占有生产资料,而且还占有生产者(奴隶),出现了奴隶主阶级和奴隶阶级的尖锐对立。奴隶社会的群众文化更多的是体现了阶级的对立,如《诗经》所载,所表达的奴隶的悲惨和痛苦,奴隶主的荒淫与残暴。就是在同一个时代,社会的某种变革也会推动群众文化的变化。

中国封建社会的盛唐时代,"贞观之治"是一次成功的社会变革,变革后社会生产力得到发展,生产关系进行了相应的调整,并给当时的群众文化灌注了新生的因素,在宫廷与民间、国内与国外、城市与农村文化对流的促进下,平民文化出现了民间歌谣、曲调、舞蹈、绘画、雕塑诸艺并茂的大好局面。文化品位与格调也随之变化,如民间歌谣虽基本沿袭汉代,但在思想性、艺术性和群众性等方面都远非汉代可比。明代的平民文化在封建社会走向没落,资本主义正在萌发之时,也出现了新的形式和特点。例如,通俗文学取代了古文、诗、词等旧体文学的地位而成为中国近古文学史上的主要内容,民歌为明代"一绝"。明末西学输入,市民阶层的扩大,又使文艺市场四处涌现,民间文艺、工艺商品化走向日趋明显。毛泽东的《在延安文艺座谈会上的讲话》表明了新民主主义革命时期民族的、科学的、大众的文化指向,从此群众文化出现了历史性的根本转变与蓬勃发展。[①]

当代,在新的历史时期中,社会的变革已经引起了群众文化的很大变

---

① 石振怀. 群众文化工作实务[M]. 北京:北京师范大学出版社,2013.

化,新的改革开放还必将推动群众文化形成新的、更符合历史发展规律的、更能适应广大人民群众需求的变化。

### 三、人的社会需求是群众文化发展的内因

我们考察群众文化的历史发端,分析它缘起的内在动力,首先可以发现是人的社会需求催发了群众文化的萌生。人的需求是多种多样的。基本上可以分为自然性需求和社会性需求。自然性需求是人作为一个有机体维持生命和延续种族所必需的。其特点往往呈现出周期性,如饮食、睡眠、配偶、嗣后等。社会性需求为这样或那样的社会要求,或个人为适应社会要求而产生的社会需求。这类需求是人的后天习性。如交往的需求就是从人与他人的接触过程中发展起来的;如社会需要艺术来陶冶人的情操,人们就举办一系列群众文化活动;如某人去看音乐演奏,听到美妙动人的钢琴声,就会感受到音乐中的情思,产生愉悦的心情,继而希望有人来指导、帮助自己学琴,于是就去找老师,找学琴的场所,这样就发生了人与人交往的需求。

社会性的需求主要表现为精神的需求,如认识的需求、美的需求等这些人所特有的需求。认识的需求激励人去学习文化、科学知识,探索自然与社会的奥秘,并由此产生文化、科学活动及发明创造;美的需求使人力图美化自己及自己的生活方式。在一定条件下,这两种需求常常转化为对群众文化艺术活动的参与和创造。

饮食、呼吸等生理需求,是最基本的,也是人类最低层次的需求,而最高层次的是人类自我实现、认识、创造和美的需求。这种需求大多在群众文化中得到体现。例如,人类出于对生存的基本需求,产生了以血缘关系相聚的纯粹集体性的原始群众文化。

人类出于对异性之爱与社会交往的需求,在母系氏族公社之时就萌发了群众文化的"美"的意识。

对社会无穷奥秘的探索,对自身理想的追求,以及为了实现这种愿望而需求的知识、力量与美是人类高层次的需求,也是群众文化发展的内驱力之一。社会越是发展,人类对这种需求的表现就越是强烈;群众文化越是发展,人类的精神生活需求的内容就越丰富。在当代群众文化活动中,人们踊跃参加各类文化艺术竞赛、各类训练班、购买高质量科技图书、跳

交谊舞、唱"卡拉OK"、进行健美训练,这些都说明了人们的精神生活质量的提高与社会物质生活的现代化有着客观的、现实的和内在的联系。

心理学家认为,人的社会需求是与人的社会活动紧密联系的,是人的社会活动的基本动力。人的社会活动被某种需求所驱使,需求一旦被人所意识并驱使人去行动,就以活动动机的形式表现出来。需求激发人去行动,使人朝着一定的方向,追求一定的目标,以求得自身的满足。需求越强烈,越迫切,由此而引发的活动就越有活力。同时,人的需求也是在社会活动中不断更新和发展的。当人通过活动使原有的需求得到满足时,人和周围现实的关系就发生了变化,以后又会产生新的需求,新的需求又会让人去从事某项新的活动。人的社会需求就是如此循环往复,把群众文化推向更高层次的。

# 第五节 推动群众文化建设的价值和意义

近些年来,随着社会的不断进步与发展,满足群众日益增长的文化需求成为当前精神文明建设的主要任务。与此同时,群众文化建设也受到了更多的关注。群众文化作为新时期构建和谐社会的一个重要途径,长期以来都受到国家的高度重视。随着我国经济与文化的不断进步与发展,群众文化在我国社会建设发展中发挥着越来越重要的作用。在当前经济、文化发展的新形势下,进一步推进群众文化建设、优化其发展路径有着重要的现实意义。

## 一、群众文化的社会价值

### (一)推动基层文化建设

在进行群众文化发展和建设过程中,一定会吸引许多有相同爱好的人参与到群众文化建设中来,有效推动基层文化建设。在良好的文化氛围下发展人的优良品质和独特个性,不断地发掘出每个人的兴趣,保证人民群众始终保持积极乐观的心态,可以为我国基层文化的发展奠定强有力的基础,为基层文化的发展注入新鲜血液。

## （二）发展休闲和娱乐

群众文化也可以称为一种群众性的娱乐活动，该项娱乐活动可以满足人们的需求，给予人们心灵上的慰藉和精神上的满足，使得人们的身心得以放松，减少人们的生存压力。目前，随着社会的迅速发展，人们对文化的需求越来越强烈，群众文化的发展可以使人们的精神得到满足。[1]

## （三）加强社会的认同

伴随着社会的不断进步和发展，人与人之间的交流有了多种多样的方式，不再受时间和地点的制约，人与人之间的交流变得便捷，加强了社会的认同感。在当前社会中，每个人都希望展现自身的个性，而促进群众文化发展，可以有效地满足人们这一要求，而且还能保证群众的群体性功能，增强社会认同感。我国是一个多民族的国家，每个民族都具备自身的特色，都有着自身的优势，彼此之间存在文化差异，这就需要强有力的社会认同感。

## （四）促进团结和仪式

人们的生存和发展离不开各种各样的仪式，仪式可以说是和人们的日常生活紧密相关的，并且仪式的作用也是非常重要的，可以有效加强社会凝聚力，推动人们不断进行团结，建立良好的品质。群众文化的发展也是生活中的一项意识，群众文化把人民群众聚集在一起，让大家进行交流和协作，促进了人与人之间的团结互助。

## （五）展现社会的形象

群众文化在一定程度上可以有效地展现出社会的形象，一个城市的形象，是社会发展的重要象征。与此同时，群众文化还可以彰显一个民族的文化和风俗习惯，开展群众文化可以不断弘扬社会文化，让广大人民群众更好地了解社会。

## 二、群众文化的文化价值

### （一）群众文化带动文化产业

丰富多样的文化在社会发展过程中是十分重要的，可以带动整个社会的经济发展和进步，群众文化的发展还可以形成独特的文化产业，保证该

---

[1]闻静.现代群众文化策划工作实务[M].北京:中国纺织出版社,2021.

项产业获利。文化产业想要取得较好的经济效益,必须要依靠群众文化,毕竟群众是重要的消费者,而文化产业的发展需要凭借消费者。就当前情况而言,我国的经济发展是十分迅速的,文化产业可以依靠经济来进行发展,进而达到和群众文化相结合的目的,互惠互利,共同发展。

### (二)群众文化奠定精英文化

群众文化和精英文化是互相督促、互相制约的关系,这是因为我国的文化是十分丰富的,群众文化和精英文化的共同发展促进了我国社会主义文化的进步。群众文化是精英文化发展的基础,可以有效带动精英文化,对精英文化起到奠定性作用。群众文化进行发展的主体是人民群众,而精英文化发展的主体是知识分子,二者都是为了更好地建设社会主义强国,所以两种文化需要互相配合,共同进步和发展。

### (三)群众文化彰显主导文化

我国社会主义发展过程中,主导文化起着十分重要的作用。主导文化可以有效地体现出社会主义建设的核心,与此同时,进行群众文化建设时一定要不断弘扬具有中国特色的社会主义核心价值观,保证社会的发展。另外,群众文化所涉及的人是非常多的,在进行群众文化发展时,一定要保证人们的身心愉悦,提高人们的文化素养。

### (四)群众文化保护非物质文化遗产

非物质文化遗产对于一个国家而言是十分重要的,这也是我国文化发展的主要组成部分。由于绝大多数的非物质文化遗产是在群众文化中产生的,体现出了多种文化形式,因此群众文化的发展可以有效地对非物质文化遗产进行保护,为我国的文化建设奠定基础。

# 第二章 群众文化的形态

## 第一节 城市群众文化

### 一、城市群众文化的含义及其形成

#### (一)城市群众文化的含义

城市群众文化是指在城市地域内形成的以适应异质性非农业人口多层次文化生活资料消费需要的一种社会性文化。群众文化的历史告诉人们,代表新兴生产力的群众文化的优秀成果,大都在城市得以产生、保存和传递。从这个意义上讲,城市群众文化的形成,显然离不开城市的兴起和发展。

城市是人口集中、工商业发达、居民以非农业人口为主的地域,通常是周围地域的政治、经济、文化中心。人口密集,交通方便,经济繁荣,文化发达,是城市的基本特征。

#### (二)城市群众文化的形成

从世界范围来看,城市的兴起和发展迄今大致经历了三个阶段。

1.前工业革命阶段

公元前7000年左右,在近东地区发生的农业革命为城市的出现提供了基本前提——剩余食品和有组织的群体活动方式。到公元前4500年左右,第一批城市型地域出现在幼发拉底和底格里斯两河流域。稍后在尼罗河谷、印度河谷和中国的黄河至渭河谷地等农业发达地区出现了城市。早期城市的主要功能是防御外敌,提供宗教活动、礼仪庆典的场所,同时作为社会的贸易、文化和行政管理中心。随着手工业和商业的发展,一批专业化功能较强的城市得到发展。

### 2.工业革命阶段

18世纪中叶,始于英国的工业革命结束了城市中工场手工业的生产形式,代之以机器大工业的生产形式,使经济活动的社会化、专业化得到迅速发展。在聚集效应的作用下,城市得到迅速发展。工业活动的集中造就了新的城市,扩大了原有的城市。工业活动不断提出的要求,使城市的基础设施和服务系统变得更为完善,而完善的城市生活、生产条件则吸引着更多的工业活动和人口向城市集中。

### 3.后工业革命阶段

进入20世纪以来,随着科学技术和生产力的迅速发展,世界城市化进程加快。20世纪50年代以后,资本主义国家经过战后恢复,经济上出现了一个迅速发展时期,原来的殖民地或半殖民地国家也纷纷在政治上获得独立,经济上不断取得新的进步,这一切都有力地推动了城市的发展。例如,世界上100万人口以上的大城市在1950年—1970年的20年间由71个增加到157个,1980年达到234个。随着现代工业向城市集中和现代科技的发展,整个社会的生产、流通、交换的容量和活动频率提高。因此,现代城市需要具备高效率、多功能和动态化的特点,才能适应社会的需要。在这种要求下,城市的交通工具和各类服务设施不断向高速、低耗、机动和大容量的方向发展。城市职能日趋多样化,生产专业化的进一步发展,使城市中各种专业性行业得到很大发展。城市地域异质性的增强对地域整合提出了新的要求。在发达国家的大城市中,新的整合组织,如行业协会、工会、俱乐部、地域性文化服务组织等大量涌现,为城市的发展提供了新的动力。

由此看来,在城市这个有机联系的整体中,人类文化的内容得以飞速繁荣。于是,与此相适应的城市群众文化也逐渐成为联系不同职业阶层的城市居民精神生活的纽带,同时将每个触角渗透于个人生活的各个方面。[①]

1984年以来,由于设市标准进行了调整,中国小城市的数量增长很快,使大陆的城市体系得到了一定程度的改善。随着经济体制改革的深入进行,中国城市建设和城市改造工作进展迅速。这一切,都标志着中国城市质量的提高。中国城市按城市在国家行政管理体系中所处的不同地位

---

[①]冯蕾.和谐社会的城市群众文化发展格局[M].北京:现代出版社,2017.

进行划分,可分为直辖市、计划单列市、地级市和县级市四类。其中,县级市又分为省辖县级市和州。

## 二、中国城市群众文化的基本特征

城市每时每刻都在孕育着人类的文化成果,而人类的文化成果又大大加快了城市社会的发展。因此,城市群众文化对城市新的政治体制、制度规范、价值观念、文化行为,以及科学技术的产生与发展有着重大的影响,其结果是使城市群众文化表现出整合性、开放性、层次性的基本特征。

### (一)整合性

整合性从中国城市群众文化的社区特点和服务对象来看,其主要成分是干部、职员、工人、教师、学生、工商业经营者、外地流动人员。这些人群,有着不同的职业、兴趣、爱好,这就要求城市群众文化必须凭借占主体地位的自我意识,以不同于一般物质客体的存在方式而存在,突出对完善新的经济体制和经济秩序的必要的整体作用,而不能仅停留在单一的服务和被动适应的意义上,即在内容上必须具备丰富多彩的个性特点,它包括娱乐的、知识的、审美的等趋向一体化。同时,借助具有鲜明时代特色的文化艺术和其他娱乐性活动,使城市群众尽可能根据自己的意愿选择必需的文化生活资料进行消费。这样,城市群众文化就可以有目的地引导城市群众的文化消费行为,朝着群众文化运动规律的既定方向发展。而对于城市群众来说,恰恰通过必要的群众文化生活资料的消费,享受健康愉悦的文化生活,以满足自身多方面的文化需要。由于城市群众文化包含了更多的知识性内容,因此在提高城市社会成员的科学文化水平,增长知识才干,陶冶道德情操,以及对自己所处的社区责任感等方面,将会起到良好的作用。这就是城市群众文化与其服务对象之间的因果关系在促进城市社会发展中的不可逆的整合意义。换言之,城市群众文化力图利用主体意识中蕴含的聚结意识,通过多样性的文化传播手段,把人的社会生活与客观时空的变换协调起来,以增强人们的城市化意识。

### (二)开放性

开放性,对于这个特征,我们可以从两个方面来理解。一方面,城市在群众文化基础设施的硬件建设和软件建设上,具有较完整的能使群众文化各种机制处于良性循环的自我协调能力,并配备系统化的群众文化组织网络。这些组织网络包括文化系统的群众艺术馆、文化馆、街道文化站和居民委员会的文化室;工会系统的工人文化宫和俱乐部;共青团系统的青年宫和少年宫;教育系统的教工之家和青少年之家以及校园文化沙龙;军营的军人礼堂和俱乐部、文工团等组织。这些互相交叉、互相联系的组织网络作为城市群众文化的物质载体,具有上规模、上等级、上水平的质量保证。它既要充分汲取城市整体文化成果中很有特色的内容作为树立自己形象的铺垫,又要自觉地变换活动方式使自身在城市社会成员中产生较大幅度的扩散力和较强的吸引力。再一方面,城市拥有较好、较先进的结构合理的物质基础。它有四种表现:一是城市具有充足的人力、物力和财力的经济能力;二是城市有较先进的生产力优势,即使是从历史上传承下来的生产力诸因素,经过改造后,也比农业生产力显得更具优势;这些先进的生产力优势涉及劳动资料方面的有生产工具、土地使用、运输手段,劳动对象方面有自然资源、原材料;劳动者方面有人力资源、身体素质、文化知识水平、操作熟练程度、生产经营经验、整体管理效果,以及同上述诸方面联系紧密的科学技术水平等;三是城市具有较高的经济效益,即生产经营活动中所占用和所耗费的劳动时间尽可能小于同时取得的劳动成果;四是城市具有一整套适应自我生存的经济能力和市场要素,即社会生产与社会消费尽量达到正比。这种比较扎实的城市物质基础,表明了现代城市生产力全部内容在发展中的开放性特点。这样,城市群众文化在形式的适用性上,必然会产生与城市物质文明的飞跃同步发展的开放性效果。特别是现代城市生产力的发展,将会在继续更新城市群众文化的形式、内容和活动中发挥巨大的作用,并且,事实将昭示人们:未来的城市群众文化将在更广阔的领域中展开,而历来受人欢迎的能够体现健康的新、奇、乐的群众文化活动方式,将会随着人们需求量的增加而扶摇直上。

**(三)层次性**

受现代城市以社会化大生产和市场经济作为社会发展背景影响的群众文化活动,将是人与人之间展开的先进科技和文化教育的创造、运用、传播、较量的活动,其触及的范畴和含义也更为深远。由于城市社会成员的异质性程度高,因此城市群众文化在活动过程中,显然要针对不同的职业和知识层次展开有效的活动。这种有效的活动是多侧面的,但其中根本的一条是适应作为城市群众文化活动主体的不同层次的城市社会成员的多方面需要。这样,才有利于城市群众文化向新的领域拓展,使人们对文化活动主体的把握更加准确。

### 三、城市群众文化的特殊作用

城市群众文化应是城市向现代化标准建设发展的反映,即高效能的基础设施、高水平的管理工作、高质量的生态环境、高度社会化的分工协作、高尚的文化艺术气氛。因此,城市群众文化的特殊作用也从以下两个方面表现出来。

#### (一)促进城市的文明建设,提高城市作为文化中心的地位

城市群众文化在具体的社会实践中往往需要相应的社会力量作为它的支柱,比较明确地把增强城市社会力量的实力作为繁衍本体的一种生态环境。为了实现这个目标,城市群众文化就要主动致力于城市的整体文明程度的建设。它往往以物化了的生产力因素的身份,积极从事城市社会的生产力变革和生产关系变革活动,并且又以意识形态领域中的一员,直接或间接地将进步的世界观输送给城市群众,使城市群众理解群众文化在加速人类文明进程中的深刻意义。

#### (二)满足城市居民的文化需要,提高城市社会成员的文化素质

城市群众文化在活动范围上较多地接触城市群众,所以它在内容的布置上往往显露出超过农村或乡镇的文化生活需要的量。它除了在本质特征和运动规律上进一步强化自己的属性外,还将城市群众的整体文化需要主动储存到自身的调控机制中。这样,当城市群众文化进入流动状态时,既要折射出普遍的浅显的适应一般城市居民欣赏水平的文化艺术活动,又要发挥其特殊的深刻的精神活动能力,促使城市居民新的文化生活方式的形成。由此引发出城市群众既要努力继承优秀传统的文化成果,又要努力创造出现代的文化成果。这样,城市群众文化显而易见的引导和示范的职能,在循环往复的活动中转换成功力机制,促使城市群众的物质生活条件的改善和整体文化素质的提高不产生偏离,直至达到为优化城市生产力服务的目的。

# 第二节 乡镇群众文化

随着我国经济的快速发展,人们的物质生活水平不断提高,文化产业也越来越受到人们的重视。乡镇群众文化的建设是我国精神文明建设的重要内容,也是促进乡镇文明发展的重要工作,对乡镇群众的个人素质以及生活品质都有着巨大的影响。

## 一、乡镇群众文化的含义及其形成

### (一)乡镇群众文化的含义

乡镇群众文化,是指介于农村和城市之间的行政建制镇形成的以兼容非农业居民和农业居民的文化需要为主体的吸收和消化城市群众文化后的一种社会性文化。

构成乡镇群众文化的要素有四:第一,乡镇地处城市和乡村之间,因此乡镇群众文化在城乡物质、文化交流的网络中具有桥梁作用。第二,乡镇的社会成员具有混合型的人口结构。乡镇是农村剩余劳动力的转移场所,由于剩余劳动力的转移形式不同,乡镇人口结构表现出复杂的混合形态。根据居住形式划分,乡镇人口分为住镇人口和摆动人口两种。前者工作、居住固定在镇;后者则在镇工作,回原所在村庄休息。乡镇社区的混合型人口结构表明,乡镇地域的居民同农业、农村有密切的关联。第三,乡镇的经济基础具有较强的自主性。乡镇上相当一批经济企业是依靠农村集体经济积累和农民自筹资金建设起来的,这些企业在很大程度上依赖市场。这些原因决定乡镇经济基础有较强的自主性,即企业对经营方向、方针和方式有很大的决定权。这种自主性使乡镇经济立足市场需求,通过创造新的经营机制促进企业高速发展。其四,乡镇具有城乡结合的文化生活方式。乡镇群众文化体现着城市和农村两种文化的结合与交融,既有所处农村地区的"农村群众文化"的特质,也有从城市接受的"城市群众文化"的因素,两者根据乡镇的特点融为一体,形成乡镇地域别具一格的群众文化体系。由于乡镇居民大多是新近从农村转移而来的,他们的文化生活方式和价值观念自然带有农村特色。

但在较为接近现代的生产方式和城市群众文化辐射的影响下,乡镇群众文化往往根据自己的条件和需要,将城市的文化生活方式加以改变后采用。这种"转换"对促进城市文明向农村渗透有重要的意义。

**（二）乡镇群众文化的形成**

乡镇群众文化的形成,还要依赖于乡镇的形成与发展。乡镇,又称为小城镇,是具有一定人口规模并聚集着一定规模的非农业活动的聚落。乡镇一般是在集市的基础上发展起来的,至今已有六千多年的历史。

在中国,乡镇的历史也很悠久。在春秋时期,集市贸易已具有相当规模。秦汉以来,集市贸易日趋繁荣。东晋南朝时,集市已普遍存在。"集"的发展,带动了镇的发展。在位置适中、交通便利、规模较大的集市所在地,先是有人为了方便交易者的食宿,开设了饭店、客栈等,随后又有工商业者前来定居经营,集市所在地便逐渐成为具有一定人口规模和多种经济、社会活动内容的聚落。

中华人民共和国成立后,随着农村经济的发展,在战乱中遭到破坏的乡镇逐渐恢复了生机,许多乡镇发展为工商、交通、建筑、服务业和文教卫生事业共同发展的多功能的农村中心。

按照有关行政规定划分,中国的乡镇可分为建制镇和乡镇两种。根据乡镇在一定区域所处的地位,可以把乡镇分为三种类型:第一种为县城镇,其所在位置一般处于全县的中心,位于水陆交通网络的交汇点,是全县政治、经济、文化的中心。第二种为中心镇,是县城范围内的次级中心,位于地域适中、交通条件较好的地方。尽管从行政层次上看它同周围的乡镇平级,但它实际上担负着为周围几个乡服务的中心地职能,其人口聚集规模、经济发展规模、商品零售额、第三产业等都明显高于周围的乡镇。第三种为一般乡镇,是一个乡的中心,文教卫生单位及商业、金融、服务业等单位一应俱全,但人口、经济聚集规模和为周围区域服务的能力明显低于中心镇。乡镇以及乡镇的发展,拓宽了群众文化的活动区域,丰富了群众文化的内涵,也使一种新的文化类型——乡镇群众文化脱颖而出。

**二、中国乡镇群众文化的基本特征**

由于各国的规模经济和集聚经济的侧重点不同,因此乡镇化的程度和乡镇群众文化的模式也不相同。中国的乡镇群众文化具有普遍性和特殊性相结合的意义。中国乡镇群众文化的建设方针是开放搞活、扶持疏导、面向群众、供求两益。多体制、多渠道、多层次、多形式是乡镇群众文化建设的原则。有计划按比例地开发国办的、集体办的、个体办的乡镇群众文化项目,科学地、有组织地开展多种样式的乡镇群众文化活动,是繁荣乡镇群众文化事业的必要途径。因此,中国乡镇群众文化的基本特征,主要表现在结构性、延伸性、目标性上。

### (一)结构性

乡镇群众文化一般具有相应的主客体之间互相依赖、共同促进的运行模式。这种模式有其明显的结构特点。它大致有两类:一类称作纵向型,一类称作横向型。纵向型一般都是单一的,与群众性文化艺术产生联系的类型,它所表现的是一个较为严密的群众文化实体单位,它的人、财、物、工作都落实在同一个作用点上。在中国的乡镇群众文化中,纵向型结构又分为两种:一种是由乡、镇人民政府直接管辖的文化站、文化艺术服务部、文化科技咨询服务站等直接与群众文化本体有关的要素;另一种是农民文化馆或称文化中心站,它也是一个完整的、独立的文化经济实体,内部通常设有各种文化艺术活动部门,诸如书报阅览室、影剧场、民间剧团等,实行统一管理。第二类结构为横向型,它是一种广义的文化,高度集聚了各种文化科技设备设施,各种科技、教育、卫生、体育和文化艺术活动单位。具体地说,是在一个较大的乡镇上分别设有文化站(或文化分馆)、农技站、广播站、影剧院、体育场、学校、医院、工艺美术企业,以及各种业余文化体育组织,等等。它们都是各自独立的实体,其中有国家办的;有地、市、县办的,有区、乡、镇办的;也有集体和个人办的。业余性质的群众文化娱乐活动往往是工矿企事业单位和群众自行组织的。它们的人、财、物及工作分布在每个独立的实体中,双方之间通常互不干涉,倘若要举办某项大型群众文化活动,往往通过所在地域的政府部门予以适当的协调,或实行统一计划和统一安排。上述两类结构形式,在中国乡镇群众文化中基本上是并存并立的。

### (二)延伸性

中国乡镇群众文化具有较强的综合性和社会性的参与意识,即在乡镇所在地域政府机构的管理下,以社会主义思想为指导,将文教、科技、卫生事业、文化企业、专业或业余文化艺术活动合而为一,同时还延伸到时事政治宣传、科学普及、广播、电视、电影等社会科学内容和自然科学内容的领域之中,成为乡镇群众文化建设的基地。中国乡镇群众文化的主要服务内容是普及文化、教育、科技、卫生、广播、电视、电脑、网络等知识技能,以满足广大乡镇群众和农村群众对文化娱乐生活的需求,提高他们的科技、文化、体育与健康水平,以促进乡镇的现代文明建设。为了使服务内容落到实处并产生整体效益,乡镇群众文化往往将强烈的文化意识延伸到乡镇的其他各个社会组织中,促使他们在主体和客体之间产生较大幅度的互动整合现象,从而相互合作,相互支持,相互协调,相互补充。

**(三)目标性**

无论乡镇的地域范围和人口覆盖面积大还是小,群众文化的设施建设都将随着乡镇经济递增发展的速度而日趋齐全、周密。这样,必然会引起乡镇群众文化设施建设上目标性程度的提高。第一,可以有目的地激发集体和个人投资兴办乡镇群众文化设施的积极性,即国家通过增加对乡镇群众文化设施建设的必要资金投入,以此刺激集体和个人兴办乡镇群众文化设施,促进乡镇群众文化的"硬件"建设。第二,可有目的地调整对乡镇群众文化设施建设的投资比例,即国家对乡镇群众文化设施建设实行一些鼓励性的倾斜政策,文化主管部门主动介入制定乡镇群众文化建设的规划,并对其建设规模、所处的地理位置、投资比例等拥有相应的建议权利和控制义务,使基础设施建设能遵循群众文化的活动规律,使有限的投资产生良好的效益。第三,是有目的地建立健全乡镇群众文化的管制机制,其中包括归口使用机制、扶持巩固机制、保障文化秩序机制等内容,以此促进乡镇群众文化设施的优质服务效率和稳定自身发展效率的发挥,使乡镇群众文化的社会效益和经济效益共同构筑在系统性的科学管理基础上。总之,目标性不是抽象的。它要求乡镇群众文化必须具备系列化的形式、内容、活动和设备设施,形成相应的运转体系,使乡镇群众的文化心态、文明程度、道德水准等与现代乡镇群众文化的先进性相适应,最终达到彻底改善乡镇地域中人际关系的目的。

**三、中国乡镇群众文化的特殊作用**

乡镇群众文化的根本作用是推进农村群众文化建设。乡镇群众文化以乡镇为依托,熔国办文化、集体办文化、个体办文化为一炉,以丰富多彩、活泼健康的活动,满足乡镇群众求新、求美、求知、求乐的生理需要和心理需要,并且还以其独特的辐射、求范、引导等作用,改变着周围农村群众的生活观念和思想情操。因此,中国乡镇群众文化的特殊作用主要表现在加速中国农村群众文化建设上。①

**(一)乡镇群众文化的基础设施建设,为推进农村群众文化建设提供了有利条件**

乡镇群众文化的基础建设,主要指已经建成的国家、集体、个体三级共建网络。它分为"硬件"建设和"软件"建设。"硬件"建设是指国家、集体、个人对文化设施设备的资金投入所产生的物质成果。"软件"建设则指有一支相当规模的业余的群众文化艺术的组织骨干和群体,以及一个多层面的群众文化活动格局。这些都是推进农村群众文化建设必不可少的有利条件。它能够为农村群众开辟新的群众文化事业建设的视野,扩展新的群众文化事业建设的思路,并为培养周围农村群众良好的文化心态,做好物质上的准备。

**(二)乡镇群众的文化参与意识,为推进农村群众文化建设创造了良好氛围**

乡镇既是农村发展市场经济的集散地,又是农村地域文化、教育、科技事业的窗口,是传播新思想、新道德、新观念的桥梁。所以,乡镇群众的文化参与意识较之农村群众活跃。这种参与意识大致表现为直接参与和间接参与两种类型。直接参与是指乡镇所在地域的国营、集体、乡镇企业自觉兴办各类群众文化活动。间接参与是指乡镇所在地域以家庭为单位自发开展各类群众文化活动。由于乡镇群众的文化参与意识往往比农村群众的更新,更有领先性和超前性,所以会促使农村群众文化出现相应的转机:一是从单纯依靠国办文化提供单向服务转变到以乡镇群众文化为枢纽,牵动农村群众文化朝多渠道、多层次、全方位文化的方向发展;二是从原来简单直观的娱乐活动转变到融合德、智、体、美为一体的具有较大广泛性和较强综合性的文化普及活动和文化提高活动;三是从原来组织群众开展文化活动以村级俱乐部为着眼点,转变到以乡镇为中心同时巩固和完

---

①林迪. 乡镇群众文化工作问题研究[J]. 科技致富向导,2011(7):404.

善村级俱乐部的存在。

**（三）乡镇丰富多彩的群众文化活动，为推进农村群众文化建设发挥了导向作用**

在乡镇,社会性的群众文化活动和自娱文化活动往往交织在一起,并且逐步改变着人们的文化生活方式,日益在人们的文化活动中形成"场"的力量。其主要原因有:一是乡镇政府部门把群众文化建设纳入乡镇经济建设和社会发展的总体规划之中,尽可能地使乡镇群众文化呈现出朝气蓬勃,功能健全的局面;二是乡镇的文化主管部门在兴办乡镇群众文化时,能够充分行使组织、辅导、宣传、管理、调研、联络、服务、协调等方面的综合职能,为乡镇群众文化活动的拓展发挥了能动作用;三是坚持把面向农村,提高农村群众的文化素质贯穿到经常性的乡镇群众文化活动之中,使乡镇群众文化的活动主体产生较强的吸引力和广泛的社会性,乡镇群众文化通过导向作用,使农村群众逐步增加对农村地域文化建设投入的兴趣,进一步理解群众文化在发展农业生产力中的潜在效益。同时,也使农村群众真正认识到在生产劳动之余,能够得到健康有益、内容多样、形式别致的文化娱乐,是社会发展和时代进步的需要,是激发他们劳动热情、转变生产力机制的一条行之有效的途径。总之,乡镇群众文化在推进农村群众文化建设这条"链"中,是一个很重要的中间环节。

# 第三节 农村群众文化

农村群众文化活动不仅有利于提高农民群众文化素质和思想水平,而且有利于农村文化的建设。农村群众文化活动并非单一的个体行为,而是一种群体现象,是人类社会在历史长河中发展的一个产物,同时也发挥整合农村群体综合素质,促进农村个体内在素质的提升与外在行为扩展的作用,农村群众文化活动开展得好与不好,关系着中国广大农民的根本利益,同时农村群众文化活动的进步也可以带动整体人类的文明发展。

### 一、农村群众文化的含义及其形成

#### (一)农村群众文化的含义

农村群众文化是指聚集在农村地域范围内的社会成员在农业生产劳动中形成的一种社会性文化。

农村群众文化作为群众文化的一个子系统,有其相对独立的构成要素。

第一,它是以一定的农业生产关系与其他社会关系为纽带组织起来的,具有一定数量规模的、自觉参与群众文化活动的人群。第二,人群赖以进行群众文化活动的,有一定规定范围的农村地域或农民群众参与文化活动的聚集场所。第三,它有一整套相对完备的,可以满足大多数农民基本精神生活需要的文化生活服务设施。第四,它有一系列相互配合的,为满足农民群众文化生活需要的制度和组织。第五,农民对所占有的文化消费在生理上和心理上的认同和归属。而在具体理解这五个要素时,要运用同一事物中不同组合成分之间的观点。其中,人群是农村群众文化的主体;地域或聚集场所和文化生活服务设施是农村群众文化的物质基础;制度和管理机构是农村群众文化的调控手段;文化消费是农村群众文化的互动机制。

#### (二)农村群众文化的形成

中国属于发展中国家,又是世界农业大国。中国的农村群众文化与中国农业生产力的基本协调发展,具有典型意义。

首先,中国农业生产力的发展,是从传统的封闭型的自给自足小农经济为主体的家庭农业中起步的。在相当长的历史时期里,农民群众仅凭着原始的土地意识,从事一些单一的农业产品生产活动。而因时因地产生的属于中国农村群众文化范畴的一些文化形态,只能与当时不发达的农村经济基础状况相适应,并且暴露出先天的自发状态的不确定性、不稳定性、封闭落后性。

其次,1979年以来,随着实行家庭联产承包责任制,中国农村发生了巨大的变化。原来"三级所有,队为基础"的人民公社管理体制被家庭联产承包责任制所取代,原来"政社合一"的人民公社被乡村政权和各级经济合作组织所取代,乡镇企业异军突起,使农村经济结构发生了巨大变化,不仅使农村剩余劳动力从土地上转移出来,为农村致富开辟了道路,而且使农村经济逐步纳入全国统一的市场经济中,并开始准备与国际市场接轨。这些变化大大加快了农业现代化的进程。

中国农村社会主义生产力和生产关系的调整、完善和发展,一方面猛烈地冲击了农民群众历史上形成的保守落后的生产意识和思想观念;另一方面,它又以充分解放农业生产力的角色,使农民群众那种长期受压抑而缺乏能动性的劳动意识,转化为自觉地运用先进的生产工具、农业科技从事生活资料生产的意识。由于有了农业经济诸方面的客观因素的相互作用,中国的农民群众日益感到一般的物质生活的实惠,不再成为他们在日常生活中所追求的唯一目标,而科学技术、文化教育成了他们日益增长的生活需要。由此得出,农业地域的发展突出表现在专门从事农业经济活动的农业人群的形成,而农村中不断发展的新的经济基础,恰恰又成了农村群众文化得以客观存在的条件。①

## 二、农村群众文化的基本特征

农村群众文化是农业地域内社会性文化活动和人际关系的集结,所以,不同的聚落形态对农民群众的文化需要有不同的影响。那么,分析和归纳农村群众文化的基本特征,首先要了解农业地域的一般类型和特点。

### (一)农业地域的一般类型和特点

农业地域的一般类型,若按农业地域的经济活动内容划分,有农村、山村(林业)、牧村、渔村,以及随着市场经济的发展,在农业地域出现的以从事某种经济活动为主的专业村。若按人群聚落形态分类,可把农业地域分为以下几类:第一,散村(点状聚落),即以孤立的农舍为基础作点状分布的村落;第二,路村、街村、沿河村(线状聚落),即沿路、沿街或沿河而建的村落;第三,团村(块状聚落),这类村庄规模较大,建筑物采取周边加行列式布局,即一部分建筑长边沿街,大部分建筑采取有规则朝向的布局。

农业地域通常有五个特点:第一,人口密度稀疏,地域成员的异质性低;第二,家庭功能健全,血缘关系浓厚;第三,群众的文化活动有明显的季节性,生活节奏较慢;第四,群众的生活水平参差不齐;第五,群众文化有明显的地方特色和传统特色。

---

①燕卫东.农村群众文化在新农村建设中的价值分析[J].卷宗,2020(34):376.

### (二)农村群众文化的特征分析

根据农业地域的一般类型和特点,农村群众文化呈现出归属性、直观性、季节性的基本特征。

1.归属性

农村群众文化往往要运用一定的表现形式服务于广大农民群众,而农民群众在接受某种文化形式和文化内容时,会产生逐步吸收、逐步消化的归属过程。这种归属过程体现在农村群众文化的本体面对异质性较低的被接受者,要选择怎样恰如其分的形式或内容,便于农民群众理解和接受。

农业地域社会成员的认识水平,使发展中国家的农村群众文化形态与农民群众产生如下互动关系:一方面,农村群众文化在内容的设计上,尽可能地联系现实农业社会政治、经济、文化的实际情况,以及农民群众普遍关心的切身问题;在形式上,要尽量采用一些平实的、通俗的,能够触发农民群众真情实感的种类,使农民群众在采纳文化信息时,形成一个环形的接收圈,一种能够实现可以归属的心理感受。另一方面,农村群众文化在确定主体意识的过程中,往往要更多地考虑因地制宜、切合实际的特点,并且以社会意识形态的一个细胞,表示它在农民群众中有较强的传播能力、导向能力、感染能力,以及应当达到的目标,其中包括应该制定哪些科学的、有效的文化策略。

农村的社会生活并非一成不变的,且群众文化也不可能不遇到将一些较深的甚至于复杂繁多的内容让农民群众去接受、去理解。面对这个情况,农村群众文化就要及时发挥主体意识中的能动作用,适当采取一些通俗化的措施,如图解式的、比较式的现身说法等,灵活而又巧妙地把那些"阳春白雪"化难为易,化繁为简,使农民群众在对文化价值的认同和归属的氛围里消化农村群众文化的内容,缩短认识上的差距,进而使一种意识——自觉地接受并且主动地参与各种类型的农村群众文化活动的意识得以形成。所以,农村群众文化的归属性会使更多的农业居民投入开发现代农业的文化成果的活动中去。

2.直观性

任何事物都有它的形式,也有它的内容。任何事物处于稳定状态时都需要相应的形式和内容的统一。但是,事物在联系和发展的过程中往往具有二重性：一是与内容不直接相干的、非本质的外在形式；二是与内容紧密相关的、本质的内在形式。形式和内容之间并没有绝对的界限，在一定的条件下，作为一定内容的形式，可能成为另一形式的内容。这就是内容和形式在事物发展中的辩证关系。农村群众文化也不例外。它在内容和形式方面往往具有较多的适合农民群众精神调节需要的文化艺术活动成分，所以在它的本体中始终保存着较多的直观性。有时候，这种直观性需要人为地创造。由于社会发展的渐进性的客观原因，一些农民对文化信息的接收和反馈只停留在与农业现实的经济基础状况基本适应的水准上。倘若使这个水准产生偏差而不破坏它的质，那么，就要求农村群众文化在展现直观性时，有意识地把某些内容进行必要的加工和锤炼，运用形象化的处理方法，使之产生较强烈的视觉效果和较清晰的听觉效果。然而，除人为地设计直观性的内容外，某些直观性确实是自然形成的，并作为社会传统流传下来。例如，每个国家都有自己的具有某些特质的并且明显烙有历史文化痕迹和民族民间遗风的农村群众文化景观。由于这些景观流传已久，早被广大农民群众所熟知，故而，这些文化景观就会以其特殊的、深刻的直观性受到广大农民的喜爱和欢迎。

即便某些文化景观在形式上或新旧不一，或繁简各异，但是，由于其直观性的客观效果，仍然会成为对某种新的内容的一种别开生面的补充。有时候，这种效果仿佛带有较多的偶然性，但是，它又很类似一些表面来说是不规范的，但却被人们约定俗成，其直接效果呈稳定状的直观性植根于农村群众文化的根基之中。

3.季节性

在农村，农民群众在长年累月与自然界的抗争中，形成了属于自己的日常生活习性。这种日常生活习性与土地使用的效率和农作物播种、生长、栽培、收获的周期，以及气象状况密切相关。在农业生产劳动与群众文化活动两者的价值取向中，一些农民往往先进行必要的选择和比较，把前者确定为主要的，而把后者确定为次要的。由于有了与农业生产劳动密切相关的一系列物质生产活动的客观存在，于是乎也就决定了农民群众在文化活动的时间和空间的安排上，具有像耕作收获时那样的季节性。这是农村群众文化发展的客观规律之一。假如违背这个规律，即使是内容很真实且形式很新颖的群众文化活动，也难以拥有更广泛的参与者，达到理想的效果。所以,强调季节性实质上是强调农村群众文化的特性,是强调开展农村群众文化活动因时因地的客观性和科学性。而且实践证明,农村群众文化活动一般在农闲季节和农家传统节日中容易开展,效果也显著,其原因是农闲季节和农家传统节日大多属于农民群众生产活动和社会活动中的闲暇时间,也是他们热切需要更多的精神生活调节其体力和充实其业余生活的时刻。在这段时间里,他们的精神活动显然比农忙时更宽松更舒展,文化活动的精力也充沛,文化娱乐生活中的空间部分也较广阔。假如是丰年的话,他们要为五谷丰登而载歌载舞;假如是遇灾的话,他们要为重建家园而鼓足干劲。因此,在农村群众文化这幅全息图景中,季节性像坐标系中的交点一样,有规则地、按次序地分布在农村群众文化活动的体系中,并且具体地指示出这幅全息图在事物运动过程中的范围大小、程度高低、一定单位时间内的规模如何。所以,季节性既是贯穿于农村群众文化客观存在的主线,又是最能体现农村群众文化价值观认同的标记。

### 三、农村群众文化的特殊作用

农村群众文化是农业地域社会意识形态的客观产物,所以会折射出所处的农业地域内的一定社会历史阶段的经济基础的状况。可以这样认为,农村群众文化是在特定的农村社会政治、经济、文化形态的制约下生长、发育的,反过来又促进特定的农村社会的政治、经济、文化形态逐渐从低级向高级发展。因此,我们得出农村群众文化在促进农业现代化进程中,具有特殊作用。

#### (一)具有提高农民群众的思想觉悟,使他们进一步摆脱愚昧落后状态的作用

中国地大物博,以农业生产为主。中国的农业地域具有人口众多、资源相对较少、经济基础薄弱、科学文化落后、地区差异很大等特点。因此,要把传统农业转变为现代农业,建立起广泛采用现代生产工具、现代科学技术和现代经济管理方法的农业生产体系,就必须强化中国农民的整体文化素质。而介入其中的中国农村群众文化,应当从重视智力投资出发,积极为大力发展农业教育、农业科学技术研究和推广工作、普及农业科学技术知识、造就一支适应农业现代化建设需要的农业技术和管理人才队伍

服务。

同时，在群众文化传播的方式方法上，要拟定系列性的持久性实施方案，使中国农民真正成为适应现代农业社会发展的新型农民。

**（二）具有提高农业生产社会化程度，发展农业生产力的作用**

1979 年以来，中国农村的社会结构发生了一系列的变革。变革的主题以引进市场经济和提高农业生产经济效益为中心。由此引发出坚持以改善农业生态系统，不断提高土地生产效率，并在此基础上大幅度地提高农业劳动生产率的农业生产方针。在逐步调整农业经济结构方面，建立健全了专业化和综合发展相结合的农业生产结构和农村产业结构。中国农民开始理解农业生产社会化在发展现代农业中的中坚作用。农民群众生产活动领域的拓展，也给农村群众文化增添了新的内容。它要求自身每开展一项活动时，必须有一个明确的导向，那就是积极地为农业生产社会化程度的提高而鸣锣开道。而随着现代农业社会的不断完善，农民手中的生产工具机械化程度也日益提高，农业生产向有机农业和无机农业相结合的转变也将增速，由此会使以市场调节为主促使农业劳动力向其他产业领域渗透，以及如何处置农村剩余劳力出路等问题得到妥善解决。这些有利因素都催促着中国农村群众文化深入到专业户（村），农业生产前、生产中、生产后的服务和各地域、各部门的分工协作，以及发展农村市场经济等过程中。

不过，我们也要看到事物在发展中是多因素互相联系的。我们所认定的农村群众文化，毕竟不是一种包罗万象的能超越农村社会物质条件而存在的文化类型。那么，从事物的量变因素和质变因素相互作用产生新的飞跃的辩证观点出发，农村群众文化在提高农业生产社会化程度和发展农业生产力中，其效益也许是间接的、潜在的，并且更多地保留以文化意识为导向的文化普及行为的因素，所以它的特殊作用的客观表现往往不是立竿见影的，而是隐形的。

**（三）具有发挥自娱性文化的优势，活跃和丰富农村群众文化的作用**

农村群众文化拥有被广大农民群众所认同的文化艺术普及与提高中的自娱性成分的特殊作用。农村群众文化在自身的文化孕育和文化发展中已经开拓出一条泾渭分明的环环相扣的沿革线路成为农民群众生活方式中不可缺少的组成部分。因此,农民群众会不受拘束地以接受者和参与者的双重身份,加入所处的地域内的各式各样的文化艺术活动的行列中。更由于农村群众文化艺术活动具有情绪性、挥发性、松懈性等特点,出于协调物质生活和精神生活的不同需要的目的,身为活动者的农民群众似乎更看重通过群众文化艺术活动,能够产生消除疲劳、恢复体力的实际效果。这样,无论事物的主体或是客体,两者在繁荣农村群众文化中的目标都是相同的。

# 第四节 家庭群众文化

家庭是社会的细胞。家庭文化是群众文化建设的重要组成部分,它直接关系到整个社会文化建设的水平。家庭文化的服务对象是构成家庭的每一位成员,这些成员之间存在着其他关系不可替代的婚姻关系或血缘关系,是以亲情关系为纽带的最为紧密的人际关系群体,关系更加紧密微妙,互动性强,因而家庭文化内涵更为深厚。

## 一、家庭群众文化的含义及其形成

### (一)家庭群众文化的含义

家庭群众文化,是以单个家庭构成的或以一家庭成员与另一家庭成员之间在自由时间里从事的具有群体性文化娱乐活动为特征的一种社会性文化。家庭群众文化的特殊作用是联络感情、增进团结、互帮互助。

### (二)家庭群众文化的形成

在社会群体中,一夫一妻制的个体家庭,是在原始公社末期私有财产出现的基础上产生的社会生活组织形式。个体家庭的出现,经历了一条漫长的道路。从最初的原始群体中,由杂交发展为实行各种形式的群婚,逐渐形成了以血缘纽带联系起来的母系氏族公社。这是由于早期氏族公社生产力稍有发展,男女在生产过程中开始有了自然的分工(男子从事狩猎,妇女从事采集、初步种植植物),妇女的生产比较稳定可靠,并在原始公社的生产中占据比较重要的地位等原因而产生的。原始公社的生产由狩猎向畜牧和农业进一步发展,畜牧业和农业生产要由男子负担,于是,男子在生产中的地位越来越重要,母系氏族公社便被父系氏族公社所代替,并逐渐出现了父系家长制家庭。畜牧业和农业生产力再向前发展,生产已有可能不依靠群体的共同劳动来进行,而由较小的个体单位来进行,同时,由于私有制的出现,也自然而然地要求形成各自独立的经济单位。这样,就逐步产生了一夫一妻制的个体家庭。

一夫一妻制的个体家庭,在阶级社会里,是建立在男性支配和奴役女性的基础上的,这时的一夫一妻制的义务,实际上只是片面地要求女方遵守。这种一夫一妻制的个体家庭形式,是私有制生产关系的必然产物,是为私人的财产占有权和财产继承权服务的生活组织形式。它以血缘关系为自然基础,又以私有制为经济基础。它既担负着繁衍后代的职能(对劳动者家庭来说,是劳动力的再生产职能),又是私有财产占有的单位。就后一种意义来说,它也是一个经济单位。个体生产一般都是以家庭为单位进行的,这种家庭是生产的单位。在资本主义大生产的条件下,工人都在资本家的工厂里进行生产,家庭就成为单纯的消费单位,而不再是生产单位。工人的家庭对于资产阶级来说,只是提供剥削的源泉。由此可见,家庭的性质、职能,都是随着人类社会生产方式的发展而发展的。

家庭的制度以及与之相联系的伦理观念、法律观念、文化观念,也是随着经济关系的变化而变化的。所以,与封建社会的经济基础相适应,产生了封建的家长制度和家庭内的尊卑等级——父子、兄弟、夫妇的不同地位,以及维护这一制度的国家法规和家规及其道德文化观念。在封建家庭里,族权、父权、夫权控制着一切。农奴阶级的家庭,对于封建主阶级来说是处于从属地位的。与资本主义经济基础相适应,资产阶级扯去了罩在家庭关系上的温情脉脉的面纱,把这种关系变成了纯粹的金钱关系。资产阶级的法律和道德,实质上是把这种资产阶级的家庭关系奉为至高无上的神圣原则。在工人家庭中,由于资本主义大机器工业的发展,把妇女吸引到生产劳动中,使妇女开始从宗法制度和家长制度的束缚下解放出来,提高了她们在家庭中和社会上的地位。

随着社会主义革命的胜利,剥削制度的消灭和公有制经济的日益发展,获得生存权利的男女在政治上、经济上以及在社会生活的各个方面都处于完全平等的地位,妇女成为自由的、具有平等权利的社会成员。只有到了这时,一夫一妻对于男女双方才都是现实的。在社会主义制度下,家庭关系发生了根本变化,人们才有可能摆脱封建主义和资本主义的家庭制度以及和它相联系的伦理观念、法律观念和文化观念,建立真正平等、团结、和睦的社会主义新型家庭。

总之,作为社会的生活组织形式的家庭,既反映了社会经济基础的特点,也反映了社会上层建筑的特点。它同整个社会形态,首先是经济基础之间有着内在的、密切的联系。它的职能、性质、形式、结构以及和它相联系的伦理观念、道德观念、法律观念和文化观念,迟早都会随着生产方式的变革而变化。

根据家庭反映社会上层建筑的特点,家庭与群众文化又有着密切的联系。一方面,群众文化具有广泛的群众性,从古至今,不论人们的年龄、性别、教养、生活条件、社会地位、风俗习惯有何不同,总是对文化各有所求,特别是在紧张的生产劳动之余,都需要有轻松、愉快、生动活泼的文化生活作调剂,以满足自己的文化需要,同时表现出以家庭为单位参与社会性的文化创造活动和家庭成员自身的自娱自教的需要。另一方面,自家庭形成后,任何时代的任何家庭的社会生活的组织部分只能有两个要素:一是物质生活;二是精神生活。尽管客观上存在着以婚姻关系和血缘关系划分的小家庭或大家庭,而且它们的类型不同、规模不同,但都有以下两个共同之处:第一,组成的家庭成员,都是群众文化活动的欣赏者或参与者,无论老、中、青、少、幼,都需要相应的文化生活;第二,家庭的生育功能、教育功能、感情功能、保障功能及经济功能,相似于群众文化不同的社会功能。

所以,自从家庭形成以后,作为上层建筑意识形态内容的群众文化就渗透到每个家庭的日常生活之中,这种家庭群众文化随着家庭的延续而发展。

## 二、中国家庭群众文化的现状及其认识意义

家庭群众文化是社会成员文化生活方式的一个主要部分,是群众文化发展的标志。家庭群众文化的健康发展,对于社会稳定和社会发展以及繁荣群众文化事业,都具有积极的作用。为此,可以在分析家庭群众文化现状的基础上,进一步理解家庭群众文化的认识意义。

在中国漫长的封建社会里,家庭曾经被看成是维持社会秩序的最主要因素,是社会控制的核心之所在。汉语中"国家"一词,从字义上表明,"国"与"家"是难以截然分开的,"国"就是"家"的扩大,"家"就是"国"的缩影。两者之间的紧密相关性不能不对人们的社会生活(私人的和公共的)产生深刻的影响,特别是在社会大动乱时期,国破必然伴随着家亡。中华人民共和国成立后,随着社会政治生活的巨变,家庭群体的活动方式、内部的结构状态、成员关系以及功能等多方面,都发生了变化。这其中更多地表现了这一群体发展的新特征:首先,在形式上,家庭规模开始缩小,出现了所谓的"简缩"趋势,特别是在城市核心家庭(即由一对夫妻与其未成年子女组成)比重上升,这种结构变化涉及家庭内部成员关系、义务、责任以及活动方式的变化。其次,家庭群体的功能变化引人注目,值得人们重视的是,随着社会经济政策的转变,原来被取代的家庭生产力功能在一定程度上得以恢复,在城市出现大量的家庭手工业和经营单位;在农村,家庭联产承包责任制实际上围绕着家庭来组织生产、经营,在家庭成员关系中强化各种经济因素(分工、分配等)。这无疑会对家庭群体的其他功能的变化趋势产生影响,也表明在中国社会现代化过程中,家庭群体的作用是极其独特的。[①]

此外,家庭内部关系的变化,反映在亲子关系和夫妻关系的变化方面。在过去相当长的时期里,生育是中国家庭的主要功能,亲子关系由此而成为第一关系,男性占有绝对主宰地位。随着社会生活的变化,夫妻关系的重要性开始上升,与此相关,家庭群体内夫妻在经济、权力、家务、性生活诸方面的平等关系受到重视,男女平等观念开始普遍被接受。上述因素说明,中国家庭群体的变化对家庭群众文化的发展产生了深刻的影响。

第一,家庭群众文化由单一化转向多样化。在过去较长的时期内,家庭群众文化由于受不发达的社会物质条件的影响,文化活动项目往往是纵向的,大多局限在个别家庭活动上。而随着社会生产力的解放和人民群众经济收入的提高,家庭群众文化在内容和形式上都与社会发展的进程日益贴近。特别是随着城市现代大工业的形成和农村乡镇化的出现,先进的文化娱乐工具逐渐进入单个家庭,使家庭内部的文化生活更加丰富,并朝着多样化方向发展。

---

①高洪杰.浅谈家庭文化的重要意义[J].戏剧之家,2011(2):93.

第二,家庭群众文化由低层次转向高层次。一方面,家庭群众文化的"硬件"由低级向高级发展,主要表现在现代视听设备不断涌入城乡普通家庭。这些现代传播技术和设备的普遍应用,能够给家庭成员提供信息及艺术欣赏,并能丰富生活、启迪思想、陶冶情操,扩大家庭成员的视野等。另一方面,家庭群众文化的"软件"由低级向高级发展,主要表现在家庭成员对科学文化知识的认识结构的改变。越来越多的家庭成员对家庭群众文化的兴趣爱好,逐渐从一般的娱乐性需要转变到知识性需要,以不断提高自己的科学文化知识素养,来适应现代社会生活不同方面的需要,适应新的生产力构造的需要。特别是随着现代大工业社会的到来,每个家庭成员将越来越渴求知识的高结构,即广大工人家庭的在职人员积极吸收科学文化知识,逐渐向高智商方向转化。广大农村家庭的成年人员,从勤劳致富逐渐走向科技教育兴农和科技教育致富相结合的道路;广大城镇家庭的成员,根据不同的职业特点,逐步运用文化教育知识向科技高峰攀登。

第三,家庭群众文化从观赏性活动为主转向参与性活动为主。也就是说,越来越多的家庭成员再也不满足一般的视听效果的接收,他们的欣赏意识逐渐转向能够充分表现自己个性的群众文化活动上来。这并不是一种偶然的、短期的文化行为,而是由一定的客观条件促成的。随着社会成员人均生产效率的提高和劳动时间的缩短,因而有更多的自由时间用于参加各类群众文化活动。中国义务教育和社会教育的强化,以及社会成员文化知识水平的提高,对城乡家庭群体主动参与群众文化活动起到了极大的促进作用。

第四,家庭群众文化的规模由单家独户转向多家联户。以家庭群体为单位形成的创造性、竞技性、社交性、表演性、自娱性文化活动的发展,必然使家庭群众文化的规模向家庭与家庭之间、家庭与社区之间扩展。其方式除个别活动项目外,一般都要由两个或两个以上的家庭群体相互合作方能进行,以此扬各"家"之长,避各"家"之短,互相配合,共享其乐。故而要改变原来以单个家庭为活动主体的规模,而向多家联户和社区范围扩展。

总之,中国家庭群众文化是中国社会上层建筑意识形态内容的一个组成部分,它的状况说明了这种文化具有较强的生命力和凝聚力,它为进一步调整现代社会的人际关系,为促进社区性文化建设起到了良好的作用。

总之,群众文化是一个大秩序,家庭群众文化则是一个小秩序。它们之间在现实社会生活中之所以能够协调发展,关键的问题在于人们要依照群众文化的客观规律,适度地变革家庭群众文化中封闭的、自私的、落后的部分,使之与社会发展相适应。

# 第五节 校园群众文化

校园文化是以校园为地理环境圈,以社会文化为背景,以学校管理者和全体师生员工组成的校园人为主体,以群体价值观念为核心的一种亚文化。校园文化应该是群众文化的一个组成部分,脱离了群众文化这个基础,校园文化的生存发展就失去了依据。

## 一、校园群众文化的定义及其形成

### (一)校园群众文化的定义

校园群众文化是指以满足学生精神生活需要为目的,以文化艺术活动为主要内容的一种社会性文化。

### (二)校园群众文化的形成

校园群众文化是随着人类社会教育制度的确立而逐步形成的。在中国,最早的学校是官办学校。它萌芽于原始社会,形成于奴隶社会,至西周,学制体系初成规模,可以作为奴隶社会学制的代表。西周的学校分为国学和乡学。设在王都和诸侯都城的学校叫作国学。乡学是按照当时的行政区划乡、州、党、周设立的学校。教育内容包括德、行、艺、仪四个方面,而以礼、乐、射、御、书、数六艺为主要学习科目,体现了周代的教育是尚文重武、讲求实用的教育。春秋战国时期,社会发生了急剧的变化,表现在教育制度上的转变,是官学衰微,私学兴起。当时聚徒讲学的学者很多。孔子是第一个创办私学的大师,他广收各地区、各阶层的学生,以《诗》《书》《礼》《乐》《易》《春秋》六经授徒,培养了众多的门人弟子,而门人弟子中又多继承师业兴办私学。秦代为了统一思想,焚书、禁设私学。"以法学教""以吏为师"。这种吏师制度一直延续到汉初。汉武帝的文化政策是"罢黜百家,独尊儒术"。自此以后,儒家教育统治了中国学校两千年。汉代自武帝时兴办官学,建立起中国封闭社会官学的模式和系统。汉代的官学分为中央官学和地方官学。东汉灵帝时设"鸿都门学",专习书画辞赋,是中国历史上第一所专门的艺术大学。魏晋南北朝时期,社会动荡不安,学校教育总的趋势衰落。隋朝短暂,但教育制度开唐朝之先,实行科举,对后代教育影响很大。唐朝是中国封建社会鼎盛时期,教育事业也极其兴盛发达,尤其是贞观至开元一百多年间,官学数量多、形式多、学生多、制度严密完善。以后历代,官学继承发展,私学作为补充。

鸦片战争爆发以后,中国近代教育制度发生了深刻的变化。首先,太平天国的教育改革,废除了科举制度。其次,中国教育制度史上具有资产阶级民主性的改革是从辛亥革命开始的,南京临时政府成立后,将这种改革向前推进了一步。1912年1月,著名教育家蔡元培(1868—1940)担任了中华民国政府第一任教育总长。1月9日,教育部成立,内分学校教育、社会教育、历象三司。到了1934年年初,苏区工农民主政权的教育制度在革命根据地形成之后,逐步形成了新民主主义性质和社会主义性质的教育制度。总之,中国教育制度的产生与发展,是校园群众文化形成的土壤。而随着社会主义建设事业的发展,校园群众文化日益成为教育的有机组成部分。

校园群众文化从属于校园文化。关于校园文化,根据文化的多义性,我们把它分为广义的和狭义的。广义的校园文化指学校物质财富和精神财富的总和。狭义的校园文化则指学校群体精神生活的总和,诸如长期形成的校园精神、优秀传统、文化教育观念、价值标准、道德规范等属于群体意识的非物质要素。而原先作为提出校园文化概念的接近于群众文化范畴的课余文化艺术内容,应归属校园群众文化。它包括校园群众文化的活动、工作、事业和理论研究等,涉及科学技术、文学艺术、体育、思想教育、娱乐等师生员工文化生活的各个方面。这样划分,能使校园文化的属概念与通称的文化、群众文化的属概念相一致,同时又保持自身特色。

校园群众文化是校园文化的一个要素。因而校园群众文化不等于一般观念中的"课外活动"与"第二课堂",也不能把它仅仅理解为学生课外的文化艺术活动。校园群众文化的主体是学生和教职员工,活动方式是自我进行的,教职员工在群众文化活动中起指导作用。学生和教职员工参与文化活动是为了获得精神需要的满足和身心健康的全面发展。校园群众文化是一项系统工程,包含着文化政策的制定、文化设施的建设、文化组织的建设、文化活动的开展及文化理论的研究等。其中,学生的文化活动是校园群众文化的核心内容。①

校园群众文化是群众文化的组成部分。在性质上,它有以下三个内容:

第一,它是综合性的文化形态。校园群众文化既包含了文学艺术这个主体内容,又涉及学生文化生活的各个方面。在它的整体中,大部分内容(如文学、音乐、戏曲、美术和电影、电视、录像等综合艺术)属于意识形态范畴,而小部分(如课外体育、游艺等)则属于非意识形态范畴。从总体上看,校园群众文化是综合性的文化形态,它可以从多方面直接影响学生的意识形态。这一社会属性,规定了校园群众文化活动必须把社会效益放在首位这一根本原则。

第二,校园群众文化是弘扬民族文化的基础。一个民族总体文化艺术素质的高低,反映了这个民族、这个国家的文明程度如何。若从一般层次上认识,以文化艺术为中心的校园群众文化,恰好给广大学生未来的文化艺术实践奠定了基础;若从较高层次上认识,进步、健康的校园群众文化,还能够促进学生形成正确的世界观、伦理观、价值观。而从文化发展的战略角度和提高全民族文化素质的角度来看,正确引导校园群众文化的健康发展,有利于促进人类社会的文明进程。

第三,校园群众文化具有鲜明的倾向性。文化体现了一定阶级性对文化性质的规定作用。特定的意识形态决定特定的文化性质,在阶级社会和还存在阶级斗争的社会中,它必然表现出鲜明的倾向性;而作为一定社会时代占统治地位的文化的性质,则是由该社会占统治地位的阶级的性质及其利益和需要、对未来的追求决定的,即每一特定性质的文化形态的目的及其功能,完全是为维护统治阶级的地位、利益而服务的。统治阶级的性质不同,文化的性质和服务的方向也就不同。所以,以马克思主义科学世界观为指导的社会主义群众文化的性质,也就决定了校园群众文化要以正确的世界观作为指导思想,坚定不移地为工人阶级和广大人民群众的利益和需要服务,坚定不移地为社会主义革命和建设事业服务。

---

①杨栎. 分析校园群众文化的特征与作用[J]. 现代企业文化,2018(33):21.

## 二、校园群众文化的基本特征

概括地说,校园群众文化具有广泛性、自主性、实验性的基本特征。

第一,广泛性。首先,广泛性表现在学生知识来源的广度。校园群众文化使学生的知识来源不再局限于课堂这方小天地,可以不受严格的教学大纲、教材、时间和空间的限制,而由学生自我选择适合于自己个性发展的文化活动,从中汲取知识营养。所以,校园群众文化有利于学生开阔视野,扩大知识面,增加信息量,也使学生的聪明才智得到充分的施展。其次,广泛性表现在校园群众文化内容与形式的丰富多彩。它既有大学生的提高性的活动,也有广大乡镇和农村初、中等学校学生的普及性的活动。因此,校园群众文化也呈现出多样的个性化和个别化的思想教育方式,以与课堂的共同化、标准化的教育相区别。最后,广泛性表现在校园群众文化活动参与者的范围和规模。从繁华的城市到偏僻的乡村,从高等学府到初级学校直至幼儿园,校园群众文化的参与者是学生和教职员工。不同的年龄、性别、民族、年级的学生,都可以参与自己需要的文化活动。而从知识传播的角度上理解,广泛性还表现在传递信息的及时性。课堂教学所传输的知识,大都是定论的并经过较长时间积淀的知识,而校园群众文化却能运用新的文化科技工具,及时向学生输送大量新的科技信息。

第二,自主性。校园群众文化不仅仅具有群众文化的能动的参与意识的特点,更为突出的是具有自主性特点。学生课堂学习,往往是在教师主观指导下的被动接受,而校园群众文化则充分体现学生学习知识的主体意识,即学生在独立自主的文化活动中主动汲取知识,施展才能,培养自学能力和创造能力。不过,校园群众文化的自主性要适度发展。由于学生在世界观形成方面还不成熟,所以,校园群众文化仍然有必要对整体校园文化加以引导,把学生的文化需要与社会的文明建设统一起来,促进质和量的全面发展。

第三,实验性。从教育心理学上分析,学生时期是人生的"好动"阶段,对事物亲身体验的欲望较强。校园群众文化为他们大显身手提供了很好的机会。在多样化的课余活动中,学生往往自己创造条件,自己进行组织和辅导,自己从事设计和创造,自己检验和总结活动的效果等,总之有很强的实验特点。它可以促进学生的德、智、体、美、劳的全面发展。同时,校园群众文化又具有一定的社会性,使学生在文化活动中增长社会知识、提高人际交往能力。总之,它能促进学生的课本知识与社会实践的有机结合。

### 三、校园群众文化的特殊作用

教育制度和教育方式是时代的产物,不同的时代有着不同的教育制度和教育方式。从中国的教育史来看,分散、个别的私学教育已成为过去,单纯的课堂教育也逐渐被"第一课堂"(指课堂教育)与"第二课堂"(以校园群众文化活动为主体内容)并行、配合的新的教育体系所代替。教育要面向现代化、面向世界、面向未来,是全社会成员的共同责任。那么,校园群众文化的蓬勃兴起正顺应了现代教育的发展方向。从这个意义上去认识,校园群众文化的特殊作用有五个方面。

第一,校园群众文化有利于弥补课堂教学的不足,提高学生的学习效率。首先,课堂教学由于标准化、同步化的要求,按统一的教学大纲、教材和教学方法进行教学,而学生的接受能力却有很大差别,从而出现教与学之间的矛盾。校园群众文化的发展,有助于学校的统一教学与课外的适应学生个性的学习相结合,学校教学和文化活动相得益彰。其次,课堂教学在传授知识上存在着时间差的缺陷,而校园群众文化能为之弥补。校园群众文化将日新月异的信息输送给学生,不仅使学生跟上时代的步伐,而且为进一步学好课堂知识打下智力基础。再次,校园群众文化可以调剂学生的脑力活动,提高课堂学习效率。

第二,校园群众文化有利于学生认识世界,优化智力结构。学生是祖国未来的主人。为了进一步改造世界,他们需要认识世界、了解世界。校园群众文化是学生认识、了解世界的一个窗口。在丰富多彩的文化活动中,学生可以提高辨别美与丑,善与恶,真与假的能力;可以获得课堂上难以学到的自然科学和社会科学知识;可以获得书本上没有的社会生活和各种活的知识等。所以,校园群众文化的健康发展,有利于培养一代有理想、有道德、有文化、有纪律的社会主义新人。

第三,校园群众文化有利于学生增强自信心,培养想象力与创造力。首先,学生的天赋、智力、才能是不平衡的。校园群众文化能使相当多的学生从中找到展示、表现和发展自己个性的领域,从而树立起民族自信心,成为充满创造激情的勤奋者。其次,校园群众文化能够培养学生丰富的想象力,进而使想象力成为知识进化的源泉。再次,校园群众文化成为学生实现志趣,发挥个人创造力的天地,学生可以采取多种方式在这方天地中施展才能,从事实践,从中锻炼自己独立思考的能力和适应社会发展的能力。

第四,校园群众文化有利于学生提高审美能力,陶冶道德情操。因为美育功能是独特的,有多方面作用,因此,学校设有审美课。但是,仅凭学校的美育课对学生实施审美教育是不够的,重要的是开展好健康活泼的课外文化艺术活动,从而达到更好的审美教育效果。而校园群众文化中的审美教育是多方面、多层次的立体教育,并且大多属于陶冶式的、间接的教育方式。它消除了教育者与受教育者的地位差别,可以充分调动受教育者内在的学习积极性和主动性,使学生在对艺术形象富有感情色彩的审美活动中,自觉地陶冶自己的情操。

第五,校园群众文化有利于学生提高社会活动能力,强化竞争意识。现代科学技术的发展对新型人才的品格提出了更高的要求。这些新型人才不仅是各专业门类的专家,也是适应各种社会生活并具有强烈的竞争意识的能手。虽然,学校是社会肌体中的一个重要组成部分,但这个部分的内部活动范围还是有限的,甚至是较狭窄的。恰恰是因为有了校园群众文化活动,才使学生的社会活动面、社会知识面和社会交际面得到扩展。学生可以从中得到社会活动能力的训练,为将来步入社会奠定基础。

# 第六节 企业群众文化

## 一、企业群众文化的含义及其形成

### (一)企业群众文化的含义

企业群众文化具体是指通过企业员工的积极参与、自我娱乐以及自我开发,促使企业职工群众的身心得到愉悦,陶冶企业职工的情操,使企业职工获得知识,提高企业职工之间的凝聚力,通过构建企业的群众文化培养企业职工的价值观、工作态度、精神信仰,规范员工的行为等。

企业群众文化是企业员工形成的一种社会性文化,它既是企业物质文化建设的智力支持与精神动力,又是企业精神文化建设的载体和组成部分。

**(二)企业群众文化的形成**

企业群众文化是随着企业文化的产生而形成的。所谓企业,是指从事产品生产、流通或服务性活动的经营单位,如工业企业、农业企业、商业企业等。从广义的社会观点来看,企业应该是一个资源转化体,即把劳动力、原材料、资金、设备和技术等转化为有用的产品,如商品、服务、就业、精神产品、市场等。在实现这些转化的过程中,企业自然要求尽可能多的利润,但同时必须高度重视对社会进行周到的服务和提供尽可能多的就业机会。企业在实行资源转化时,必须建立与资源提供者的持续的交换渠道,必须创造和设计自己的一套内在的转化手段和技术,必须疏通、平衡内部与外部的各种关系。因此,企业作为社会的一个基本经济组织、一个细胞,也就具有自身的文化特征。

"企业文化"一词,是在20世纪80年代初由美国波士顿大学教授斯坦利·M·戴利首先提出来的,他通过对日、美企业的大量比较研究后发现,许多卓有成效的日本企业取得成功的诸因素中,最重要的,起决定作用的因素并不是资金数量、组织形式、经济资源、机器设备、经营技巧,而是得力于"企业文化"。

泰伦斯·迪尔和艾伦·甘乃迪两人在出版的《企业文化》一书中,十分明确地把"企业文化"视为各类企业经营成败的关键因素,强调企业文化是一个企业、公司生存发展的"一只无形的手"。他们对近百家企业、公司进行广泛调查的结果表明,其中18家杰出企业均有较强的集体意识和共同的价值观念。

企业文化的"柔性控制"较来自企业经营管理系统的有形的"硬件控制"更具有激励性和持久力,它使由员工个人行为构成的整体企业行为产生最大的功效。在美国,人们普遍认识到,企业已经不再是一个单纯投入产出组织,而是一个经济、技术、社会、文化诸要素的合成细胞。企业在生产经营和管理活动中,除了争取一定的经济效益外,还要注意自身运转与社会发展之间相协调,重视提高企业的知名度和美誉度,塑造自己良好的形象。在日本各类企业中,企业文化的核心内容是汲取传统的民族文化精华,结合先进的管理思想,为企业的全体职员树立一整套明确的价值观念、行为规范、工作态度和管理方式,并利用它来帮助企业进行有效的管理。日本企业文化表现为"社风""社训""组织风土""企业信条"和"企业宗旨"等。企业文化是一种企业管理的方式,是企业管理的最高层次。企业文化,是指一个企业、组织和它的全体职工所具有的价值观念体系及其相应的文化教育活动的总和。这就是说,企业文化包括相互联系、相互依存的内隐和外显两个方面。就"内隐"(企业文化的内在本质)的方面来看,就是指企业职工的价值观念、思想意识、道德规范和工作态度等;就"外显"(企业文化的外在表现)的方面来看,就是指企业各种文化教育、技术培训、福利安排、娱乐联谊活动等。企业文化就是由企业的内隐文化和外显文化互相统一而形成的企业精神风貌。

那么,怎样理解企业群众文化呢?我们通过对企业文化的有关内容、诸要素的分析,得出企业群众文化是企业文化的一个要素,一种文化类型。它是企业文化的外在表现形式。企业群众文化的主要内容有两个方面。第一,文化娱乐活动。它是指企业开展的各种文化体育联谊活动,以及带有文化娱乐性质的庆典活动和传统民俗风情活动,如企业举办的运动会,车间部门之间进行球类和棋类比赛,单位组织的节假日旅游、交谊舞会、周末俱乐部、文艺演出、联欢晚会和其他各类业余兴趣小组、摄影小组、影评小组、集邮协会等。它们有助于丰富和调剂职工生活,有助于沟通彼此感情、增加交往、陶冶性情,形成团结一致、和衷共济、奋发向上的企业精神风貌。第二,思想教育活动。这主要指企业开展的旨在提高职工文化素质和思想觉悟的各种活动,包括观念宣传、文化学习、树立模范等方面。观念宣传特指企业针对自己的价值观念、企业精神、经营原则、目标宗旨、历史传统等内容进行的宣传教育活动。文化学习是企业对职工进行的科学文化知识、法律法规常识、专业技术知识、政治经济形势的普及宣传活动。在企业的思想教育活动中,模范人物是企业精神的缩影和企业价值观念的化身,通过学习模范可以使广大职工以身边的人物为榜样,学习和体验企业群众文化的实质含义。因此,学习本企业、本单位先进模范人物是开展思想政治工作和实施企业群众文化建设的有效手段和途径。

因此,企业群众文化是一种潜在的生产力,是激励企业"求生存,图发展"的精神源泉。它可以把企业内部的一切科技人员和全体职工的聪明才智充分发挥出来,提高企业内部的科学技术水平;它可以调动企业内部进行技术革新的积极性,促进企业内部挖潜、改造、采用新工艺、试制新产品,使企业朝着高新技术方向发展;它可以促进企业与企业之间专业化协作关系的发展,使企业布局和产品结构更加合理;它有利于企业引进和消化国外先进技术,提高企业内部的劳动生产率,提高产品质量,降低生产成本;它可以提高企业内部的经营管理和企业全面质量管理的水平。

### 二、企业群众文化的基本特征

企业群众文化的基本特征是从企业的群体力量中显现出来的,它具有功效性、创新性、时代性的内容。

#### (一)功效性

企业群众文化往往吸收与企业根本利益密切相关的文化精髓作为自身的主要内容,并且跻身于企业的分配原则中。通常,它要有目的地增进职工间的友谊,激发生产积极性、主动性和创造才能,通过生产更多更新的优质产品向社会展示企业良好的经营素质、管理水平和精神风范,向广大消费者提供可以信赖的经济信息,从而提高企业的知名度,促进产品的销售,给企业带来较高的经济效益和社会效益。

#### (二)创新性

企业群众文化通过种种娱乐形式,把开拓进取、拼搏创新的价值观念渗透到职工的思想教育工作中。它以独特的价值观和开放意识,参与企业行政管理和全面质量管理的整个过程。它往往从企业生存和发展的战略高度出发,强调文化观念上的创新精神的重要性,并且及时发现、培养和宣传企业内部技术改造和创新活动中的模范人物。它有利于企业产品结构的适时调整,保持企业顺应市场环境变化的敏感性、灵活性,最终的目标是使企业在适应市场竞争和消费者的需要时,具有充足的活力和后劲,促进企业经济协调、稳步、持续地向前发展。

#### (三)时代性

企业群众文化属于上层建筑、意识形态的范畴,它的产生发展及具体内容要受到既定社会阶段经济制度和政治制度的约束和影响,因而具有时代性的特征。作为先进的企业群众文化,不但要创造一种充满热情、互相信任、和谐融洽、催人奋发的环境气氛,而且还要通过平等互助、情感交融等思想教育工作,培养企业职工新的道德观念、价值取向、行为规范和企业在市场活动中的抗风险能力,使企业焕发出强有力的时代精神、民族精神、艰苦创业精神和文明服务精神,以使生产机制和经营机制处于良性循环状态。①

### 三、企业群众文化的特殊作用

企业群众文化对企业发展具有特殊的作用。它主要表现在对企业生产经营的发展和经济效益的提高上。

第一,企业群众文化活动不仅仅是纯娱乐型的,它通过开展各种有益的文化艺术活动,将企业职工的思想引导到正确的轨道上来,引导到正确的目标上来,通过潜移默化的作用,陶冶职工的思想情操。这也是企业群众文化活动的根本目的,是区别一般性的文化体育娱乐活动的标记。

第二,企业群众文化有自身的以价值观认同为中心的激励机制:目标激励——企业职工价值观趋同的示范,归根到底是人的培养和训练;利益激励;企业职工价值观趋同的动力,即国家、集体、个人的利益相统一;组织激励——企业职工价值观趋同的基础;文化激励——企业职工价值观趋同的氛围。由于企业群众文化在活动方面具有较强的渗透力,当一项活动被广大职工认可并积极参与时,它就会成为一种激励机制,在职工心中转换成一种力量,促使其在生产、工作、学习中发挥作用。

第三,企业群众文化可以将企业中部门之间的职工团结起来,使他们凝聚成一种较大的向心力,与企业的命运黏合在一起。

第四,企业职工通过各种文化艺术活动和思想教育活动,从心灵深处焕发激情,进而陶冶情操,使自己的文化生活更加充实、饱满,使自己的文化艺术才华得以发挥和展露。这对企业群众文化的参与者来说,无疑是一种崇高的、无价的精神享受。

---

①何小韬. 浅论国企文体协会与发展企业群众文化的辩证关系[J]. 青春岁月,2017(18):425.

# 第三章 群众文化现代化建设的理论基础

## 第一节 "群众文化的现代化"理论建构

### 一、全球化、全球性,以及现代化、现代性

全球化(globalization)、现代化(modernization),是一个普遍性的世界性图景和趋势,也是国内外学者热议的历久弥新、方兴未艾的学术话语和时代性的语言。与全球化、现代化概念相连的还有全球性(globality)、现代性(modernity)概念。对这些概念在学术中进行运用,首先需要对每个概念的定义及概念间的相互关系进行辨析。国内外学者在这方面已经进行了大量深入的卓有成效的研究和探讨。美国学者罗兰·罗伯森认为:"作为一个概念,全球化既指世界的压缩(compression),又指认为世界是一个整体的意识增强。全球化概念现在所指的那些过程和行动在多个世纪里一直在发生着,尽管存在某些间断。英国社会学家安东尼·吉登斯认为:"现代性的根本性后果之一是全球化。""全球化可以被定义为:世界范围内的社会关系的强化,这种关系以这样一种方式将彼此相距遥远的地域连接起来,即此地所发生的事件可能是由许多英里以外的异地事件而引起,反之亦然。"让·内德文·皮特斯在《作为杂合的全球化》一文中说:"在社会学中,现代化对全球化问题而言是一个关键词。在几种较为突出的概念中,全球化被看作现代化的必然结果。"国内学者汪信砚认为:"所谓'全球化',是指人类从以往各个地域、民族和国家之间彼此分隔的原始闭关自守状态走向一个全球性社会的变迁过程。"

陈文殿认为:"全球化是指现代文明进程中世界范围的经济、政治、文化等不同层面的人类交往活动及其结果。杨学功认为:"从世界范围来看,全球化是产生于西方的以工业文明为标志的现代性的全球扩展过程。"欧阳康认为:"作为现代化的全球性扩张,全球化本质上就是一种价

值追寻运动。"杨雪冬认为"'世界交往'概念与'全球化'概念有高度的重合性,更适合用来概括全球化这个历史现象"。周敏凯认为:"全球化最终必将汇入马克思所揭示的人类历史最高发展阶段——共产主义世界大同之中。这是马克思的科学的世界历史观'给予我们的最大启示。"

现代化进程中一个方面的现象是全球化。全球化是国际化和本土化的统一。这突出体现在文化全球化方面。文化全球化是全球化的一个重要层面。"文化上的全球化,指的是信息、符号与象征在全世界范围内的流动,以及人们对这种流动的反应。""文化全球化是指世界各种文化形式在'互融'与'相异'的两维张力的作用下,在全球范围内的流动与互动,从而日趋于同步的、共通的发展。"郭建宁认为:"文化全球化,主要是指文化交融的国际化,文化观念的多元化和文化市场的开放化。"

"现代化"(modernization)一词大约出现在18世纪70年代的欧美。意大利米兰大学教授、著名经济社会学家艾伯特·马蒂内利(Alberto Martinelli)在《全球现代化——重思现代性事业》书中将"现代化界定为一系列大规模变迁过程的总和,通过这些变迁过程特定社会往往获得被认为是现代性所特有的经济、政治、社会和文化特征。""现代性指的是在现代化过程中所具有的社会生活和文化的特定状态。""现代性是一个没有终点的过程,这意味着永久创新的思想、新事物不断被创造出来的思想。生活在现在,指向未来,渴望新奇,促进创新。正如库玛(Kumar,1995)所观察到的,它创造了新的传统。吉登斯认为"现代性具有内在的全球性",全球化就是"流动的现代性"。在汤林森看来,"'现代性'指涉的是全球发展过程中文化延展的主轴。"徐宗华认为:"'五四'新文化运动就是文化现代化运动;20世纪20年代~30年代,中国知识界就提出了'现代化'的口号。最早完整使用'现代化'一词的是胡适。1929年,他在为英文《基督教年鉴》写的《文化的冲突》一文中,正式使用了'一心一意的现代化'(whole-hearted modernization)的提法。""英文modernization是modernize的名词形式,产生于1770年,基本含义是:①实现现代化的过程,②实现现代化后的状态。""现代性是现代化的标准。"北京大学著名现代化研究专家罗荣渠对"现代化"这个概念表述为:"从历史的角度来透视,广义而言,现代化作为一个世界性的历史过程,是指人类社会从工业革命以来所经历的一场急剧变革,这一变革以工业化为推动力,导致传统的农业社会向现代工业社会的全球性的大转变过程,它使工业主义渗透到经济、政治、文化、思想各个领域,引起深刻的相应变化;狭义而言,现代化又不是一个自然的社会演变过程,它是落后国家采取高效率的途径(其中包括可利用的传统因素),通过有计划地经济技术改造和学习世界先进,带动广泛的社会改革,以迅速赶上先进工业国和适应现代世界环境的发展过程。"金耀基认为,"人类社会的发展除现代化之外,还看不到有别的出路。""中国的出路有而且只有一条,那就是中国的现代化。"衣俊卿认为:"理性化的现代性文化模式的重要特点之一便是其无所不包的统摄性。具体说来,现代性的文化精神维度不只是表现为个体的主体意识和理性化的社会文化精神,它还会进一步整合为一种关于历史的演进、社会的发展前景和人类的终极目标的总体性的、同一的、系统化的、理论化的、纲领化的文化精神或社会价值,或者说,整合为一种系统化的、自觉的意识形态,一种自觉的、理性化的世界观和历史观,一种具体设计和规范人类历史目标的'宏大叙事'。赵剑英认为:"现代化是展开了的、现实化了的现代性。"欧阳康认为:"现代化是人类文明发展的重要阶段,也是一种自觉的价值追寻和创造运动。""在马克思看来,人类解放和人的自由全面发展应当成为现代化进一步发展的最高目标,并以此而得到合理性的规范。"丰子义认为:"在马克思的视野里,现代性不是某一领域、某一方面的问题,而是一个具有整体性的社会问题。""现代性呈现于全球性的视域之中","现代性生来具有国际性","现代性作为现代文明的特质与标志,有其明显的共通性和普适性。"①

对于现代化的本质,国内一些学者从不同侧面进行了研究探讨,得出了比较一致的结论。"现代化的本质是社会结构的变迁"。"现代化既是人类社会的发展过程,也是发展目标。作为过程,现代化是指人类从传统社会向现代社会的转变。""所谓现代社会,是指社会发展阶段上人类的理想与现实能力和条件的一种耦合,即在某一历史时段人类向理想社会迈进所能达到的最佳状态,或在某一历史时期人类进步所能达到的先进模式。""现代化是现代社会发展的内在的、必然的趋势,世界上任何一个国家、民族以至个人都不能完全置身于这个过程之外。""现代化乃是全世界、全人类性的历史变迁。""我国社会主义初级阶段的历史任务是通过有中国特色的社会主义道路达到实现现代化的目标。"现代化是一种传统社会文化

①杜染.群众文化的现代化[M].北京:华龄出版社,2018.

向现代社会文化转化的过程,是一种新的社会文化形态,文化的核心和根本在哲学,现代化的理论特征表现为现代性,哲学意义上的现代性是人的现代性;正是由于有了现代的人的观念,才催生了现代意义上的人,并由这样的人构建出理想的现代社会,"现代化是人类文明的一种形式,是人类的一大进步。现代化促进社会生产力的极大提高,给人带来生活上的很大方便,从哲学上讲,人从自然界获得了更多的自由。因此走向现代化是人类的发展趋向。"

对于中国现代性话语与西方现代性的分歧,谢少波认为:"现代性在哈贝马斯那里被表述为'文化的反思能力不断加强,价值观和规范的普及推广,以及社会化主体的日益个体化,批判意识的不断提高,以及自主意志的形成'","中国现代性话语从一开始就与西方现代性有分歧:中国现代性更关注的是民族的复兴和国家的自强,而不是社会的个体化和自主意志的形成,即詹明信所谓'私人事物与公共事物的截然分开,诗与政治的截然分开',在尚未经历过西方现代性的半殖民地文化语境里建设现代性,绝不等于复制西方的主体意识。"张旭东指出了中国现代性内部的文化政治的逻辑,认为:"在一个较为抽象的层面上,文化与政治的相互渗透和重叠,是五四白话革命和新文化运动的核心,也是中国现代性的核心。"

"中国现代性内部的文化政治的逻辑,是通过革命和革命的意识形态论述展开的,只有在这个大前提下,我们才可能理解文艺与政治的关系。

对于中国的现代化历程,郭建宁认为:"自 1840 年鸦片战争以来,特别是 1919 年五四运动以来,中国社会的政治经济变迁十分剧烈,而实质是文化转型,主题是现代化。"1949 年中国共产党领导全国人民取得革命胜利,为现代化创造了政治前提,中华人民共和国成立,标志着中国在社会主义的轨道上向现代国家迈进,开始探索现代化和社会主义。"我国自主的现代化进程开始于新中国成立以后"。"中国的现代性之路,也就是中国特色社会主义之路。"社会主义现代化是一场深刻的社会变革,"社会主义现代化是人的现代化的社会条件,人的现代化又是社会主义现代化的内在要求。"社会主义现代化是以文化创新推进社会变革的过程。"文明的总体性决定了现代化必须是一个总体性的进程。"

### 二、文化现代化以及"群众文化的现代化"

文化现代化是现代化的题中应有之义。"价值的分化和文化的多元互动是保障人类发展与稳定的唯一方式。而这,正是文化现代性的标志。"

何传启认为"文化现代化是一个全球性的趋势和运动。"文化现代化是现代化的一种表现形式,是文化领域的现代化,"文化现代化不但给现代化的主体(人),而且给现代化进程本身提供强大的精神动力和智力支持,提供巨大的文化力,因而文化现代化是现代化的主导内容。尤其是文化现代化中思想观念的现代化、制度的现代化是整个社会现代化的先导和灵魂,其地位更为重要。""文化的现代化主要是指在充分吸收以往优秀文化成果的基础上,建立适合现代社会需要的新文化。文化现代化是整个社会和人的现代化的极其重要的内容。"

文化的主体是人,文化发展的先进方向与人的发展具有一致性,其核心价值追求是人的自由和全面发展。这是马克思主义文化理论的基本观点。文化现代化、人的现代化是现代化主导内容。马克思列宁主义代表了人类最先进的思想文化成果。文化现代化可以促进人的全面发展。"所谓文化现代化,是指人类特质全面而自由地体现和表述的状态。"马克思主义核心价值观可以归结为'实现人的自由、解放和全面发展'进步社会的主要特征是"自由"的发展。"整个现代性的立足点,不就是自由吗?"丰子义认为,"马克思所讲的现代化是建立在生产力高度发展的基础上的,以人类获得最终解放和全面发展为目标的现代化。"

"'创新'乃是现代性的内核之一,文化现代性不仅表现为对现代化进程的反思,同时也是对既有思想资源的整合、创新,这本是一体两面的关系;只有建立在反思和创新基础上,文化现代性的理论建构活动才能成为社会进步的精神动力与智力支持。"

中国的文化现代化与马克思主义的核心价值观是一致的。"文化现代化是中国社会主义现代化的主导。""中国的文化现代化,与马克思主义传入中国,几乎是同时的。"五四新文化运动"为中国文化的现代重建廓清了文化现代化的内涵,有益于现代化价值系统的建构,开启了将现代化的理想目标内化为近现代中国文化发展的基本价值目标,开始了中国近现代历史的现代化过程由'外在冲击'向'内在转化'的历史过程,构成了中国传统文化近现代历史进程中由破到立的历史转折点"。'五四'以后,一种新生的革命文化诞生了,它不仅反封建,而且也反对帝国主义。"文化的现代化,从最根本的意义上来说,就是指内在于人们社会行为的又指导人们行为的价值观的现代化,主要是文化价值、文化观念、文化精神的现代化。其中最核心的价值观应是以人为本、一切为了人,也就是要符合和满足人的生存、享受、发展的需要。在当代中国,实现传统文化的现代化,与建设符合社会发展的社会主义先进文化是一致的。这就是要建设面向世界、面向现代化、面向未来的民族的科学的大众的社会主义文化。""只有坚持马克思主义,发展社会主义文化,才是中国文化现代化的正道。""民主、科学、社会主义,这就是张岱年'文化综合创新'论的真谛"。李宗桂认为,文化现代化,从科学理性的角度看,从文化研究和文化建设的实践看,是文化学的建设。从文化现代化的角度看,文化学的建设,是规整、提升文化研究和文化建设的队伍和质量的必由之路。

　　群众文化是社会主义文化的重要组成部分。马克思主义认为,人民群众是历史的主体,是历史的创造者。马克思认为:"历史活动是群众的活动,随着历史活动的深入,必将是群众队伍的扩大。"当代德国法律思想家、哲学家、社会民主主义者和政治活动家古斯塔夫·拉德布鲁赫在其1922年首先出版、1927年修订版的论著《社会主义文化论》中说:"无产阶级文化,成长中的社会主义文化只能是一种群众的文化,而我们把高贵化的群众称作共同体。""要建立一种群众文化。""欢庆的群众还可能成为艺术创造的巨大推动力。"德国斯图加特大学教授特奥多尔·贝格曼在1994年撰写的《社会主义的前景》一文中说到几项紧迫的理论任务,其中之一是"发展社会主义的群众文化,以此作为在为争取一个更加美好的社会的现在和未来而进行的斗争中开展自我文化教育、废除性别等级制度和提高生活乐趣的媒介"。法国国际事务专家路易·多洛在《国际文化关系》一书中提道:"'群众文化'不断需要越来越多的可用资金,以建立'消遣文化'和群众教育文化。"他还在《个体文化与大众文化》一书中写道:"自从文化与文明之争以来,大家情绪从来没有如此之激烈。路易·阿拉贡在他的《群众文化或不被接受的题目》一书中对于这种新型文化所招致的异议、抗拒或提防表示愤慨,并故意选了'群众'一词来陈述,因为这个单词带上政治和意识形态的标记。"因历史、语境的不同,当下中国所说的群众文化概念与国外学者提到的从翻译成中文的文字上看是一致的"群众文化",

其内涵和外延是否完全等同,还有待进一步探讨,但也从一个侧面说明,群众文化概念在世界文化中已经"浮出历史地表",得到了学术上的关注与探讨。

群众文化的现代化、文化现代化、人的现代化,三者相互促进,有机相连,是现代化建设的重要领域。群众文化的现代化不仅是文化现代化中的重要方面和重要目标,也是十分重要的支撑,还是群众文化战略发展的目标。着眼于群众文化与中国现代化的现实关系问题,根本任务是要实现中国"文化的现代化""人的现代化"。现代化的前提和目的都是"人的现代化"。现代性的群众文化是现代公民社会生活的一部分。群众文化是当前中国主导文化、主流文化的重要组成部分。"当代中国的主流文化,毫无疑问,是以马克思主义为思想导向,面向现代化、面向世界、面向未来的发展中的文化,主要由作为意识形态的政治文化、日益繁荣的社会文化、体系建构中的高雅文化构成。""在当代中华民族(中国)文化的横断面上,社会主义文化目前是一种主流文化,它不仅相对于中国传统文化和西方外来文化是一种主流文化,而且相对于其他大众文化也是一种主流文化。""中国主流文化的核心内涵是'中国特色的马克思主义'","中国主流文化应该自觉对接于全球语境,并且通过增强文化自信来实现这一对接,构建中国具有全球品质的主流文化。"

"群众文化的现代化"理论是融会了群众文化基础理论和应用理论之后,联结中国特色社会主义文化建设和现代化建设两个重大理论命题,对实际工作和应用具有指导意义的发展理论,是现代化视野中的群众文化事业发展理论。恩格斯指出,"我们的理论是发展着的理论,而不是必须背得烂熟并机械地加以重复的教条。"群众文化的现代化理论也是发展着的理论。在现代化建设的实践中,会不断涌现新课题,这个理论不是靠翻阅本本演绎的,也不是冥思苦想感悟出来的,而是在如火如荼、日新月异的群众文化实践中不断总结、提炼和熔铸而成的,并且会不断丰富和发展。

"群众文化的现代化"是群众文化具有现代性特征的过程和结果。在发展面向现代化、面向世界、面向未来的民族的、科学的、大众的社会主义文化的征途中,群众文化事业发展的长期目标是群众文化的现代化,中期目标是推动群众文化服务体系的现代化。在"群众文化的现代化"理论体系中,其核心是"一个中心,三个基本要义",一个中心即发展的科学化,三个基本要义即：运作的社会化，治理的规范化，业务的专业化。现代化是被提升的总概念，具体概括为"四个化"：科学化、社会化、规范化、专业化。旨在从建设、发展、运营、管理、服务"五位一体"地阐述群众文化现代化理论，"建设"理念是最基础、最基本的理念，群众文化事业作为文化事业的重要组成部分，"五位一体"的目的和宗旨都是指向文化建设。"事业·建设·品牌·战略""整合·联动·共建·共享""体制·机制·改革·创新""服务·组织·辅导·研究"，16个关键词基本囊括了群众文化工作的属性、任务和方法。此外，在群众文化现代化的体系中，总体认识上应该把握的一点是，"四个化"是相互关联耦合的，各有侧重，又相互渗透。在群众文化事业的建设、发展、运营、管理、服务中，"四个化"有可能都会涉及，只是分别选择了一个最具代表性的"化"，而且每个代表性的"化"也不能完全概括所代表的方面，其中又包含着下一个层次的几个"化"。围绕的都是科学化这个中心，并与科学化共同支撑起的是群众文化的现代化。具体来说，现代化的本质是现代性、公共性、总体性（整体性）。现代化融合了现代性、当代性、公共性。科学化包括系统化、理性化、均衡化、均等化、组织化、品牌化等层次，突出顶层设计和方向、路径上的把握。系统化体现在整体性、协调性，以及层次性、目的性、历时性等。系统思维，简单说就是大局观和协调意识。社会化包括多元化、公共化、公益化、大众化等层次。规范化包括标准化、制度化、程序化等层次。标准化是制度化的最高形式，可运用到生产、开发、设计、管理等方面，包括设施的标准化建设，标准化管理体系涵盖技术（专业化）、管理（规范化）、运营（社会化）三个不同的范围，并涉及承担不同管理职能的部门。专业化包括常态化、体系化、数字化等层次。

### 三、"群众文化的现代化"理论体系研究

"群众文化的现代化"的最终目标是人的全面发展，人类文化由高度分化走向高度统一，专业文化与群众文化融合汇流，成为综合的、高级的、共产主义的全民文化形态。实现文化与文明重合。"群众文化的现代化"也是当代中国群众文化发展观。

群众文化领域的改革创新，往往要落后于教育、体育和专业文化领域。这除了群众文化的活动内容和方式具有综合性、复杂性之外，在一定程度

上归结为群众文化理论研究的滞后和文化政治意识的不足。"中国当前的理论思维,面对全球化的挑战,缺的就是文化政治意识。"社会主义文化始终把反映最广大人民的根本利益、满足大众的文化需求、落实群众的文化权益放在首位。主流文化建设必须始终坚持指导思想上的"一元化",即以社会主义的理想、信念、世界观、人生观、价值观为核心构筑当代中国的主流文化。当代中国的主流文化就是中国特色的社会主义文化。"群众文化的现代化"理论,包含了对群众文化这个概念的重新阐述并使之"现代化",对其进行了学术意义、文化政治意义和世界意义等三个意义的诠释,提出群众文化的现代化理论体系,为群众文化理论增加了新的生长点,彰显其现代性的意义。

现代公共文化服务体系处于"建构化"阶段,现代群众文化服务体系是重要环节。"群众文化的现代化"理论是吸收了群众文化理论研究前人的研究成果,和其他有关学科的知识,结合当代文化发展的前沿理论及中国特色社会主义文化的理论与实践,开创的群众文化理论。从"全球化""现代化""文化政治"等视角观照群众文化的现代化"建设",为这一中国开创的中国特色的文化形态赋予了现代性和世界意义。群众文化的现代化,中心是发展的科学化,科学化既是群众文化的现代化的中心,也是一切基本内涵的前提。三个基本要义是:运作的社会化、治理的规范化、业务的专业化,三个基本要义,是和谐共生、有机统一的,也是为一切群众文化的现代化内涵奠定基础的三个规范性要求。三个规范性要求之下又从属若干次生性要求,如从属于社会化的多元化、大众化,从属于规范化的制度化、标准化,从属于专业化的体系化、常态化等。以上构成了群众文化现代化的基本内涵。"群众文化的现代化"理论体系主要有以下几个方面来源:一是全球化、现代化理论,二是马克思主义文化理论、中国特色社会主义文化理论与实践,三是中国群众文化学理论,四是文化学理论,五是公共文化服务理论。恩格斯说:"一个民族要想站在科学的最高峰,就一刻也不能没有理论思维。

"群众文化的现代化"的概念,定义为群众文化在现代社会全球化进程和文明进程中的理性建构与科学发展。本质特征是现代性、公共性、总体性(整体性)。现代性体现在人力解放和人格解放,公共性体现在公共领域、人民主权、民本位。总体性体现在"人对历史现实的总体认识",是"人从整体的、相互作用的视角间接地把握世界"的思想方法。总体性中的总体,是指"具有许多规定和关系的丰富的总体"。全球化带来世界范围内大众民主的发展,全体民众都具有在公共领域的话语权。全球化意味着文化的输出与输入,全球化为文明进程的空间化提供了条件,在新的世界空间里,全球化在文化上的呈现应是以马克思主义为主导文化的全球性的多元文化对话,在世界范围内创造出一种人性化、多样化的全球文化。需要认清的是,在全球文化的冲突与融合过程中,在文化差异性与多样性的同时,也意味着同一化和标准化。第三世界的理论将服务于全球。"全球意识"站在全世界的高度来看文化的发展。从人权角度,中国特色的群众文化理论也会在现代性建构中被世界发现、认识并服务于世界,因此,群众文化的概念具有世界意义。在当代中国的社会文化中,主要有四种文化形态:主导文化、精英文化、大众文化、民间文化。主流文化是党和国家运用政府的手段主张、扶持、倡导、培育的文化,这种文化代表着党和国家的价值取向、社会理想和追求的目标。从文化建设意义上,我国将文化分为文化事业和文化产业,群众文化属于文化事业的一部分,属于主流文化范畴,同时与公共文化、大众文化、民间文化等也有许多相融合的地方。

"群众文化的现代化"理论不是元理论,而是一种群众文化理论的开端,这种群众文化理论致力于证明群众文化未来发展趋势和发展标准。从理论类别上区分,如果群众文化学属于基础理论,群众文化辅导学、群众文化管理学等属于应用理论,"群众文化的现代化"理论属于一种发展理论。群众文化的现代化是与中国现代化探索与实践相呼应的。随着"五四"时期古代社会向现代社会的转型,开始了群众文化的现代化进程。随着群众文化学和群众文化理论的发轫和形成,形成"群众文化的现代化"理论。群众文化从学术上讲,不仅是社会主义国家独有的,而是人类共同享有的,促进人的解放的一种文化形态。群众文化事业属于公共文化事业,一切运营的根本是公益服务,发挥社会效益的最大化。

笔者最初用现代化的理念研究群众文化事业的发展始于1999年撰写论文《建立现代化城市社区文化室新理念》,该文在2001年获得文化部群星奖"科研成果"奖项之后,笔者结合群众文化工作实践,开始致力于"群众文化的现代化"理论体系的建构与研究,直到2011年3月11日,发表在中央文化管理干部学院文化发展论坛网站上的论文《公共文化服务体系与群众文化的现代化》,正式提出了"群众文化的现代化"理论。在《杜染作品集·群众文化》(2012年5月文化艺术出版社出版)一书的群众文化理论部分中,笔者将多年的"群众文化的现代化"理论体系研究的很多观点、论断贯穿在该书各章节的学术论文中,诸如群众文化的科学化、社会化、规范化、专业化等理念,"大文化"观,以及在文化志愿者、法人治理结构、理事会、文化艺术节、学科建设、指标体系、总分馆制、文化馆章程、馆长职级制、人才职业能力评价体系、文化立法、文化治理、行业组织建设、免费开放、社会文化指导员、职称改革等方面,均进行了探索性、前瞻性的研究,提出了"群众文化的立足点是人的全面发展"等论断。

在2016年承担的北京市宣传文化高层次人才培养资助项目——公共文化服务体系研究《群众文化的现代化》课题中,对"群众文化的现代化"的理论体系进行了理论建构,全书所讨论的问题,就是以现代化为中心的群众文化问题。其核心论题是"群众文化的现代化:社会主义文化现代性建设"。

书中对文化政治与群众文化、群众文化概念的世界意义、"群众文化的现代化"在社会主义文化现代性建设中的地位、群众文艺创作体系、群众文化学视角下的家庭文化建设、文化馆在现代公共文化服务体系建设中的主导地位、现代化文化馆的标准化建设以及文化馆体系的公共数字文化建设、互联网+文化馆、公众参与、文化养老等问题进行了理论探讨,提出了群众文化是一个具有独立的文化学术价值的兼容性的与时代同步发展的具有三重意义的文化类型、群众文化的战略发展目标是现代化、群众文化概念应向世界输出等论断和"现代化文化馆"概念,并在实践的基础上提出了"群众文学共同体"概念,在群众文艺队伍建设和业务发展上寻求突破、创新。

## 第二节 构建现代公共文化服务体系与群众文化的现代化

### 一、公共文化服务

"所谓公共文化服务,是指为保障公民基本文化权利和基本文化需求,维护社会发展所需的文化环境,提升整个国家国民素质和民众文化生活水平,由以政府为主的公共部门生产和提供的文化产品与服务的总称。"公共文化服务是立足于公众需求和社会效益,为社会提供非排他性、非竞争性的公共产品和服务,它是现代政府的基本职能。吴理财认为,"公共文化服务的实质就是建构公共性,在一个公共性日趋衰落的转型社会中,它将发挥越来越重要的社会治理功能"。

《中华人民共和国公共文化服务保障法》所称公共文化服务,是指由政府主导、社会力量参与,以满足公民基本文化需求为主要目的而提供的公共文化设施、文化产品、文化活动以及其他相关服务。

### (一)公共文化和公共文化服务体系

所谓公共文化,是指一种由代表国家、社会或社团的法人或其他组织,向公共领域提供文化产品和文化服务的公益性文化组织形态。也就是说,公共文化部门是因公共文化物品(包括文化产品与文化服务)的供给而形成的。从文化管理的意义上将公共文化的概念定义为:作为一种面向公共领域的、非营利的文化供给系统,公共文化是以国家福利性配置和"第三部门"志愿性配置机制为核心,通过公益性文化营销的路径,由代表国家、社会或社团的法人或其他组织,向公共领域提供文化产品和文化服务的公益性文化组织形态。

政府改革的关键是实现政府转型,即由经济建设型政府向公共服务型政府转变。从公共服务型政府社会职能的文化角度来说,就是要为社会提供公共文化服务和公共文化产品。

公共文化是相对经营文化而言,是为满足社会的共同需要而形成的文化形态,强调的是以社会全体公众为服务对象的公共行政职能,目标是人人参与文化创造,人人享受文化成果。

公共文化是在文化的精神品质上具有整体性、公开性、公益性、一致性等内在公共性特征的文化。建设公共文化的本质就是坚持为社会主义服务、为人民服务,始终代表人民群众的根本利益,把丰富多彩、健康有益的文化产品和服务奉献给人民群众。2004年,国家发改委印发《关于2004年经济体制改革的意见》提出要"建立健全公共文化服务体系"。在此基础上,国务院《关于2005年深化经济体制改革的意见》进一步明确了加快公共文化服务体系建设的要求。2005年10月,党的十六届五中全会通过的《中共中央关于制定国民经济和社会发展第十一个五年规划的建议》,第一次明确提出要"加大政府对文化事业的投入,逐步形成覆盖全社会的比较完备的公共文化服务体系"。《中共中央、国务院关于深化文化体制改革的若干意见》(中发(2005)14号)中提出:"构建覆盖全社会的公共文化服务体系"。2007年,温家宝总理在《政府工作报告》中强调,要"着眼于满足人民群众文化需求,保障人民文化权益,逐步建立覆盖全社会的公共文化服务体系"。2007年8月,中办、国办下发了《关于加强公共文化服务体系建设的若干意见》,明确了公共文化服务体系建设的指导思想和目标任务,提出要按照结构合理、发展均匀、网络健全、运行有效、惠及全民的原则,努力建设以公共文化产品生产供给、设施网络、资金人才技术保障、组织支撑和运行评估为基本框架的覆盖全社会的公共文化服务体系。2010年7月23日,胡锦涛总书记在中央政治局第二十二次集体学习时提出"要加快构建公共文化服务体系,按照体现公益性、基本性、均等性、便利性的要求,坚持政府主导,加大投入力度,推进重点文化惠民工程,加强公共文化基础设施建设,促进基本公共文化服务均等化。"均等是核心,公益是保障,基本是公益的尺度,便利是均等的前提。2011年3月公布的国家"十二五"规划中把"覆盖城乡居民的基本公共文化服务体系逐步完善"纳入主要目标,提出"增强公共文化产品和服务供给。""建立健全公共文化服务体系"。2012年11月,党的十八大报告提出发挥文化引领风尚、教育人民、服务社会、推动发展的作用。

2013年11月,党的十八届三中全会《中共中央关于全面深化改革若干重大问题的决定》指出要构建现代公共文化服务体系。2015年1月,中共中央办公厅、国务院办公厅印发《关于加快构建现代公共文化服务体系的意见》,在主要目标中提出到2020年,基本建成覆盖城乡、便捷高效、保基本、促公平的现代公共文化服务体系。与意见一同印发的《国家基本公共文化服务指导标准(2015年—2020年)》,对各级政府应向人民群众提供的基本公共文化服务项目和硬件设施条件、人员配备等做出了明确规定。2015年10月党的十八届五中全会通过的《中共中央关于制定国民经济和社会发展第十三个五年规划的建议》中把"公共文化服务体系基本建成"纳入"十三五"时期经济社会发展主要目标,提出要"推动基本公共文化服务标准化、均等化发展,引导文化资源向城乡基层倾斜,创新公共文化服务方式,保障人民基本文化权益。"2017年3月1日正式施行的《中华人民共和国公共文化服务保障法》，为公共文化服务提供了法律保障。2017年10月党的十九大报告中指出"完善公共文化服务体系，深入实施文化惠民工程，丰富群众性文化活动。"

英美这样发达的资本主义国家在大力发展文化产业的同时，也非常注重"公共文化服务体系"的系统化建构，二者往往是相互匹配并交互推动发展的。

### （二）公共文化服务的内涵

我国公共文化服务的内涵，应该是提供公共文化产品和服务，包括加强城乡公共文化设施建设、发展文化生产力、发布公共文化信息，为城乡居民文化生活和参与文化活动提供必备保障和创造条件。具体内容包括"以人为本"的服务理念、依法行政的服务准则、群众导向的服务模式、绩效评估的服务考核、过错追究的服务责任等五个方面。核心内容应该是社会主义核心价值体系，以及体现这一核心内容的图书馆、文化（群艺）馆、乡镇（街道）综合文化站、城市社区文化中心、村级文化活动室举办的各种公益性文化、体育（科技培训）活动，博物馆、纪念馆、美术馆举办的各类公益性展览，农村和城市社区公益性文艺演出、民俗活动、公益电影放映、体育健身活动等。"公共文化服务作为政府提供的公共产品主要有三种生产方式：一是政府直接生产，二是政府购买市场生产，三是政府引导社会生产。"

### （三）实现公民文化权利

党和政府十分重视推动公民文化权利的实现，努力保障人人享有公共文化服务和基本文化生活，实现广大人民群众充分享受文化成果的权利被视为执政党建设的重要内容。

'公民文化权利'是'公共文化服务体系'的理论基点和终极目标，公共文化服务体系则是公民文化权利的实现方式和有效保障。

公民有依法纳税的义务，也有享受公共文化产品和公共文化服务的权利。一般说来，公民的文化权利主要包括了以下四个基本层面的内容：一是享受文化成果的权利，二是参与文化活动的权利，三是开展文化创造的权利，四是文化创作成果得到保护的权利。

### （四）保证公民的基本文化权益

发展公益文化事业，保障人民群众的基本文化权益，是社会主义制度优越性的重要体现。基本文化权益，是指"人人享有的文化活动参与权、法定的文化成果拥有权、自由的文化方式选择权与合理的文化权益分配权"等内容。"在中国，建立公共文化服务体系的最终目标便是满足公民的基本文化权益。"切实保障人民群众看电视、听广播、读书看报、进行公共文化鉴赏、参加大众文化活动等基本文化权益。

## 二、公共文化服务体系建设

"公共文化服务体系是与公共部门保障公民的基本文化权益相关的一系列制度与内容体系的总称。""公共文化服务体系是由政府主导、社会力量广泛参与而形成的，普及文化知识、宣扬先进文化，满足广大公民基本文化需求，保障公民基本文化权益的各种公益性文化机构，以及由其提供的公共文化产品和服务的总和。"

### （一）公共文化服务体系建设的重要意义

发展公益性文化事业，建立覆盖全社会的比较完备的公共文化服务体系，是提高文化软实力的基础性工程。它可以促进公共文化资源的公平配置，保障公民文化权利的顺利实现，推进公众科学文化素质的不断提高，让人民有更多机会享受到先进文化的建设成果，为提高国家文化软实力做好基础性工作。软实力概念最早由美国哈佛大学肯尼迪政府学院前院长、全球战略问题研究专家约瑟夫·奈提出。他认为："软实力是一种能力，它能通过吸引力而非威逼或利诱达到目的。这种吸引力来自一国的文化、政治价值观和外交政策。"中国学者从中国的国情出发，在软实力理论的基础上进一步提出了文化软实力的概念，认为文化软实力是贯穿软实力的经纬，是维系软实力的灵魂；认为软实力之所以关乎民族兴衰、国家强弱、人民贫富，主要就由其中的文化软实力因素决定。文化软实力也是"文化立国"战略的一个维度。

《关于加快构建现代公共文化服务体系的意见》指出："在新形势下，构建现代公共文化服务体系，是保障和改善民生的重要举措，是全面深化文化体制改革、促进文化事业繁荣发展的必然要求，是弘扬社会主义核心价值观、建设社会主义文化强国的重大任务。"

《关于加强公共文化服务体系建设的若干意见》指出:"加快建立覆盖全社会的公共文化服务体系,是维护好、实现好、发展好人民群众基本文化权益的主要途径,反映了广大人民群众的意愿,体现了社会主义制度的优越性,对于促进人的全面发展、提高全民族的思想道德和科学文化素质、建设富强民主文明和谐的社会主义现代化国家,具有重要意义。"

随着社会主义市场经济不断发展,人民群众的文化需求日益增长,文化消费方式发生了深刻变化。这为文化发展注入了新的活力,有力地促进了文化产业的发展和文化市场的繁荣,同时对公共文化产品、基础设施、服务网络、资源配置等提出了新的要求。

**(二)公共文化服务体系建设的指导思想**

《关于加快构建现代公共文化服务体系的意见》指出:"以邓小平理论、'三个代表'重要思想、科学发展观为指导,贯彻落实党的十八大和十八届三中、四中全会精神,贯彻落实习近平总书记系列重要讲话精神,按照全面建成小康社会的总体要求,牢固树立以人民为中心的工作导向,以改革创新为动力,以基层为重点,构建体现时代发展趋势,适应社会主义初级阶段基本国情和市场经济要求、符合文化发展规律、具有中国特色的现代公共文化服务体系,促进基本公共文化服务标准化、均等化,推动社会主义文化大发展大繁荣,提高全民族文化素质,增强民族凝聚力,为实现中华民族伟大复兴中国梦提供强大的精神动力和文化支撑。'

**(三)公共文化服务体系建设的目标任务**

《关于加强公共文化服务体系建设的若干意见》指出:"与中国特色社会主义事业和全面建设小康社会的历史进程相适应,按照结构合理、发展均衡、网络健全、运行有效、惠及全民的原则,以政府为主导、以公益性文化单位为骨干、鼓励全社会积极参与,努力建设以公共文化产品生产供给、设施网络、资金人才技术保障、组织支撑和运行评估为基本框架的覆盖全社会的公共文化服务体系,切实保障人民群众看电视、听广播、读书看报、进行公共文化鉴赏、参加大众文化活动等基本文化权益。"

实施重大公共文化服务工程有广播电视村村通工程、全国文化信息资源共享工程、乡镇综合文化站和基层文化阵地建设工程、农村电影放映工程、农家书屋建设工程。

《关于加快构建现代公共文化服务体系的意见》指出："到2020年,基本建成覆盖城乡、便捷高效、保基本、促公平的现代公共文化服务体系。公共文化设施网络全面覆盖、互联互通,公共文化服务的内容和手段更加丰富,服务质量显著提升,公共文化管理、运行和保障机制进一步完善,政府、市场、社会共同参与公共文化服务体系建设的格局逐步形成,人民群众基本文化权益得到更好保障,基本公共文化服务均等化水平稳步提高。"

### (四)公共文化服务体系的基本特点

公共文化服务体系应该具有四个基本特点:公共化、公益化、社会化、系统化。公共化,是指公共文化服务体系是以实现公民文化权利为基本出发点,面向所有公众的基本文化需求,不是选择性的文化消费。以公共设施开展公共活动,其服务对象和参与活动的主体是人民大众,其本质是全体公民共同享有。

公益化,公益即公众受益,公共文化服务体系建设是政府保障人民群众的基本文化权益,丰富人民群众文化生活的基本途径,实现人人都享有基本公共文化服务的目标,向公众无偿或低廉地提供公共文化产品和服务,坚持为公众服务、使公众受益的公益性质,不以追求经济效益为目的,注重社会效益,注重为社会可持续发展提供公共利益的保障,因而是公益性的,即使有一定的经营性,也是不以营利为目的的。

社会化,一是社会力量广泛参与公共文化建设,二是公共文化服务面向社会整体,体现均等性和统筹发展。公共文化服务体系具有公共性属性,体现在文化部门的行政管理活动中,具有逐步扩大城乡文化事业、文化产业等领域社会化范围;健全和完善各类文化协会和中介组织,使他们有能力承接政府转变的职能;积极调整文化职能结构,把社会管理和公共服务放在突出位置;加强文化决策职能,建立完善文化部门与企业、社会对话沟通的制度等特性。目前,运用政策引导、表彰奖励、评估体系、绩效考核等手段,导向文化事业发展,并鼓励和扶持社会力量兴办公益文化的案例不胜枚举,青岛市于2002年率先组织公益文化推介会,推动"社会文化社会办",取得了明显成效。

系统化,是指公共文化服务体系是一个有序的、相互联系、相互依存的有机整体。构建公共文化服务体系是一个系统工程。公共文化服务体系的系统性是文化工作服务的根本属性。需要树立系统整体的观念,从政策性、科学性、统筹性、创新性等方面整体推进,科学发展。构建公共文化服务体系,首先要明确各级政府是责任主体。推进公共文化服务体系的创新,包括观念创新、管理创新、技术创新、机制创新,努力实现公共文化服务的制度化、公共化和社会化。其次,服务设施和网络的分布更加科学化。再次,建立规范的工作机制。一方面要建立健全一整套文化管理与文化服务的运作标准、运作原则、运作程序;另一方面是建立责任追究制度和群众参与机制。最后,不断提高管理水平和服务水平。建立与社会主义市场经济体制相适应的公共文化服务的核心价值观,就是"以人为本""以人民为中心"的服务观念。"管理就是服务"已经开始确立为各级文化部门的根本理念。逐步实现由"管理型政府"向"服务型政府"转变,由办文化向管文化转变,由管理本系统文化部门向管理社会文化转变,由"小文化"向"大文化"转变,由"文化治理服务模式"向"文化与社会合作的治理模式"转变,由被动服务向主动服务转变。

## 三、群众文化的现代化

党和国家对文化工作十分重视,已经从国家文化安全和提高国家文化软实力的高度,从经济建设、政治建设、文化建设、社会建设、生态文明建设"五位一体"的高度认识文化的重要性,全面提升物质文明、政治文明、精神文明、社会文明、生态文明。人的文明也在提升。社会文化也不断自主创新,由生存型文化向发展型文化转变。社会意识的现代化与城市社会、工业文明乃至知识文明、市场经济、民主意识和先进文化等语境密切相关,是整个现代化的精神内涵。①

建设中国特色的社会主义现代化包括经济现代化、社会现代化、政治现代化、文化现代化、生态现代化、人的现代化。群众文化的现代化属于文化现代化范畴,是以社会主义先进文化为价值取向,体现社会主义核心价值观,以文化的繁荣兴盛和文化软实力的提升作为目标,人人享受文化、参与文化、创造文化,在群众文化领域实现中华民族的文化自觉、文化自信、文化自强,最终实现人的全面发展和社会的全面进步。随着我国加快公共文化服务体系建设,公益性文化场馆免费开放等一

---

①富永军. 现代公共文化服务发展与建设研究[M]. 长春:吉林美术出版社,2018.

系列党和国家文化惠民的大手笔相继推出,使我国的群众文化走在了世界前列。

群众文化作为公益性文化事业的重要组成部分,在新时代群众文化发展的新起点上,需要以群众文化的现代化这一发展战略统领群众文化发展方向,在加快公共文化服务体系建设的实践中,需要以习近平新时代中国特色社会主义思想为指导,树立新的文化发展理念,推进群众文化现代化进程。

群众文化现代化的前提和中心是群众文化发展的科学化。群众文化发展的科学化的根本要求是,用中国特色社会主义文化所体现的马克思主义立场、观点、方法来谋划、部署和推进群众文化建设各项工作。群众文化发展科学化的核心是按客观规律办事,本质要求是改革创新,主要特征是制度规范,根本方法是统筹协调。

群众文化的现代化是一个综合概念,统领了多元化、社会化、大众化、规范化、制度化、科学化、专业化、体系化、常态化、系统化、网络化、品牌化等基本概念,涵盖了群众文化的硬件建设和软件建设两个方面。群众文化的现代化包括群众文化事业硬件和软件现代化。在硬件建设上,国家出台了有关政策、办法和法律法规,如《公共文化体育设施条例》《文化馆建设标准》《中华人民共和国公共文化服务保障法》等,为公共文化服务设施建设提供保障,加强文化标准化建设。在加强硬件建设的同时,进一步加强软件建设。建立健全相关法律法规,推动群众文化建设的制度化、规范化和法制化。以立法活动、政策制度、法律条款、政策实施以及制度建设为核心,围绕着政策体系、制度体系、指标体系、评估体系,进一步明确公共文化服务的准则,完善政务公开、服务公开等现代制度。实施人才兴文战略,用群众文化工作者的现代化促进群众文化的现代化。

从工作层面具体来说,群众文化的现代化首先要求发展手段方式的现代化。提高群众文化的科技含量和科学管理,规范专业建设和行业管理。其次,体现为活动载体和文化设施的现代化。再次,要求群众文化建设顺应数字化时代潮流,实现文化运作过程和模式的信息化、网络化。

# 第三节 公共数字文化建设与群众文化的现代化

## 一、公共文化的"无限空间"——公共数字文化建设促进了群众文化的现代化

群众文化是一个具有独立文化价值的兼容性的与时代同步发展的文化类型,群众文化的现代化,本质是人的现代化,是人自由而全面的发展。"在社会关系领域,数字化时代人—机新感性的实践方式推动着生产力的发展和人的全面发展,从而促进社会变革。"群众文化的现代化"理论是全球化、现代化、文化政治视域下群众文化的发展理论,具有超越理论学派意义的准确性,其核心是"一个中心,三个基本要义",一个中心即发展的科学化,三个基本要义即:运作的社会化,治理的规范化,业务的专业化。数字文化服务基本属于业务专业化范畴,数字化时代改变了人们的生活方式,互联网的无限空间拓宽了群众文化服务领域,信息资源实现了全民共享,全球共享,也对数字文化服务内容和服务质量提出了更高要求。网络虚拟空间高效、便捷的服务与场馆现实空间的现场互动、亲历体验服务交相辉映,共同促进了人的现代化。

### (一)公共数字文化服务是群众文化传统服务方式的拓展和补充

公共数字文化建设是利用信息技术拓展公共文化服务能力和传播范围的重要途径。数字技术与各种专业技术的融合,形成了各种数字化专业技术。在数字化平台上的信息,是信息的数字化存在方式,数字文化服务是传统服务的空间拓展、有效补充和高效传播。数字文化服务借助数字化虚拟平台,提供的网上教育、娱乐资源和互动交流,图像、声音、文字等内容经过编辑更加精粹化、专业化,可反复上网重复收听收看。此外,网络传输扩大了服务范围,提高了工作效率。数字文化服务是借助电子通信技术和设备进行的浏览、学习、视频、互动等,通过互联网等网络化传播平台浏览图文,收听收看音频视频节目或教学课程,交流信息,大多是以个人的方式参与的,可以有效地增加群众文化受众面,据报道,全世界使用互联网用户到2020年底已达到50亿,我国网民已有9.89亿。与传统服务方

式相比,数字文化服务拓宽了网上辅导、交流和传播的渠道,在网上建立电子邮箱、QQ群、论坛等学习交流平台,可以通过文字、图片、语音、视频、远程控制演示等各种方式进行学习交流。通过网上订单、配送服务等手段,可以使服务更加高效快捷。还可引入现在正在世界兴起的网络共享公开课——慕课,网上进行视频学习,结合面对面的互动交流,以线上线下一体化的混合形式提高学习效率。因此,数字文化服务成为群众文化的新阵地、群众文化传播的新平台、人们精神文化生活的新空间。

**(二)公共数字文化服务促进了群众文化的国际化传播**

数字技术的应用催生了一个全新的数字时代。"将信息技术、数字技术、网络技术等现代科学技术和传播手段应用于公共文化服务体系建设,进一步加强公共数字文化建设,是适应时代发展的必然要求和战略选择。""与传统的传播技术相比,数字化传播具有传播速度快(具有即时性、同步性与时效性)、传播范围广(具有全球性)、传播信息量大(不受版面、页码、篇幅等限制)等特点。数字文化服务提供了全新的公共文化服务内容和方式,互联网为查询各类资料、创作作品、发表作品、参加活动、文化交流等都提供了便捷的渠道,而且不受时间、空间、国别的限制,因此,使人们的生活方式、行为方式发生了改变,促进了群众文化的现代化发展和国际化传播,在国家建设现代公共文化服务体系的时代背景下,加快了群众文化的现代化和国际化。2012年新春之际,以数字内容为标志,海外"欢乐春节"在全球80多个国家140多个城市同期举行了300多项丰富多彩的文化活动。成为数字化传播群众文化的成功范例。

**二、"馆网并重"的文化家园:提升公共数字文化服务能力和服务水平**

群众文化场馆与网站同属公共文化空间,到实体场馆参加文化活动,具有亲历性、现场感、体验式等特点。而互联网等新媒体形态互联互通,具有共享性、开放性、互动性等特点,不受时间、地点、身份、地位限制,比实体空间更加便捷,可以自由、平等地享受文化、参与文化、创造文化。但需要科技和设备的支撑,需要服务单位投入资金,开设网站或覆盖无线网,服务对象在家上网要有电脑、网络等必要的设备和花费上网费等。

### （一）依托文化馆等公益性文化单位，建设数字文化服务平台

数字文化服务打造的无限空间需要思想、观念、技术、资金等综合指标，数字技术与网络媒体密不可分，网上的辅导不受时空限制，同样的内容在网上谁都可以学习，体现了服务的均等性。但是，很多群众文化事业单位与数字化时代的要求还存在差距。网络开发得还不够，有些文化馆连自己的网站都没有，有的馆即使有网站，也是内容单调、陈旧，没有发挥出网站应有的数字文化服务功能，造成资源和资金的浪费。群众文化事业单位在场馆阵地服务的同时，应丰富网站内容和互动参与方式，让网络资源发挥出最大效益。[①]

文化馆作为群众文化的龙头，应发挥文化馆作为政府举办的群众文化事业机构在互联网中的引导作用。国家虽然施行了文化馆管理办法，但在内部管理上，规范的考核标准还不完善，主动服务意识不足，职能和任务及艺术门类存在不均衡和业务欠缺，尤其在民间文化艺术的搜集整理、群众文化艺术研究上还未引起行业的重视。应将重点业务人员、辅导内容、馆内免费开放项目以及文化馆的职能和任务通过网络向社会推介。对于民间文化艺术，借助网络开通征集和展示渠道，对于群众文化艺术研究，开通网上论坛等互助平台。

随着技术进步、数字变革和文化传播方式的改变，群众文化的数字服务要提高服务能力，促进群众文化的广泛传播和群众文化创造力的增强。杭州市文化馆依托"杭州群文网"网站开展网上数字文化服务，在数字文化服务上起步较早，服务内容和方式比较全面。在网站上开设了"你点我送""专家咨询""网上展厅""免费培训""视频中心"等栏目，很好地发挥了网站的文化传播、服务、交流功能。其中，视频中心开设有书法、舞蹈等教学视频，为群众学习提高文学艺术提供了窗口。国家第一家"数字文化馆"的重庆北碚文化馆设有数字文化体验厅，数字远程辅导平台把文化资源和网站、数字教学培训中心、多媒体移动APP终端设备、科技体验厅等集合成文化馆数字新媒体的服务方式。设在上海市群众艺术馆内的上海市东方社区文化艺术指导中心利用网络开展了社区文化指导员的派送、管理工作，建立"社区文化指导员"人才数据库，通过网站为社区文化指导员制作个人网页，按艺术门类、艺术专长、艺术业绩、服务特色

---

①周浩. 公共数字文化建设[M]. 沈阳:辽海出版社,2019.

等栏目向社会发布个人信息及图片资料。各社区文化活动中心通过网上查询,可在网上点击选择所需要的社区文化指导员,也可直接与中心联系。

### (二)完善和创新数字文化服务的内容和服务方式

进入"内容为王"的时代,文化馆(站)等群众文化事业单位应把握时代的新要求新机遇,实现现代转型,在社会文化中发挥示范引领作用,在做好场馆服务和业务服务的同时,增强数字文化服务能力,建设丰富适用的数字资源,加强公共数字文化的惠民服务,实现优秀文化信息资源的全民共享。公共数字文化建设包括数字化平台、数字化资源、数字化服务等基本内容,在群众文化领域,数字化平台主要指建设"数字文化馆",建立文化馆(站)网站。数字化资源,主要指公共文化产品和信息服务,将文化信息资源以数字化方式放置在网上共享。数字化服务主要指利用网络进行群众文艺辅导、远程教育等。此外,发展和完善文化馆(站)作为公共数字文化设施,增加公共电子阅览室建设。电子阅读学习室可以成为公益性文化场馆免费开放的一个特色项目,群众自由上网阅读、学习、娱乐。有条件的群众文化场馆还应实现场馆内无线网络全覆盖,群众在场馆内任何地方都可以上网。四川省成都市文化馆2012年6月启动了全国首个"数字化全景式艺术体验平台"的建设工作。完成设计、制作、资料收集、信息录入和网络管理等工作,运用360度全景和三维虚拟技术,从"艺术展厅""艺术教室""艺术剧场"等三个方面,立体展示了成都市文化馆探索信息时代数字化文化馆免费开放和公益性文化服务的全新尝试。

"数字化全景式艺术体验平台"打破了传统网站平面显示、静态展现的服务模式,为市民提供了新的文化生活方式。作为国家文化创新工程首批项目之一,"数字文化家园"——上海东方社区信息苑,是直接建在社区面向普通市民群众、基于互联网信息技术的新型公共文化设施和服务平台。提供公共上网、进行互联网培训咨询服务、实现数字影院个性化放送服务,为群众就近享受数字文化服务提供了方便。上海市还文企联手,利用"云计算"建设公共文化数字服务体系——"城市公共文化云"。

### 三、"镜像世界"取代"虚拟世界"——群众文化网络空间的现代治理和文明转型

#### (一)对网络"虚拟世界"的认识和治理

以互联网为核心的网络空间具有自身的特殊性:开放性技术架构,虚拟化的利益表现,多元化的行为主体。在安全维护上,作为一种新的文化形态,互联网以匿名、开放的理念建构了虚拟世界。一方面,从国家文化安全的高度,防止涉密的各类图文和视频资料在网络上传播。另一方面,在公共文化场馆使用公共电脑,网络身份识别、网络行为溯源难以进行,应从技术上对非法、暴力、恐怖、色情、反动等信息采取安全屏蔽措施,警惕可能造成的不利后果。对服务对象加强网络文明的宣传,使互联网健康发展,效益达到最大化。成都市研发建立了"成都公共文化数字化服务管理系统",在"十二五"末,基本建成覆盖全市"两馆一站一室"的公共文化数字化服务管理网络体系。建立了包括市民学习、民生服务、资源共享、监督考核及信息互动等六大公共文化数字化服务管理平台,形成了县、镇、村三级数字联动的管理结构。该系统分为管理端和客服端。管理端位于县级的文广局,客户端分布在镇级的文化站、街道的文化中心和村级的文化室、社区的活动中心。工作人员可通过管理端对县镇村(社区)文化活动站(室)运行和日常开放服务管理情况进行实时监控,并将相应数据实时录入,收集、整理、反馈群众文化需求信息,实现与文化机构的沟通和互动,过滤不良的网络信息,营造绿色的上网空间。还开设了青少年上网卡办理等有时间限制的上网管理系统。

#### (二)对网络"镜像世界"的规范和引导

"面对大数据(尤其是图像、视频等非结构化数据)对'虚拟世界'渗透、影响,虚拟世界的匿名性、非对称性、非真实性,正在为具有对称性、真实性(真实的画面、真实的情感等)、即时性特征的'镜像世界'所取代。早在1991年,耶鲁大学计算机系教授戴维·杰勒恩特(David Gelernter)就指出,"互联网的终极世界是'镜像世界','镜像世界'如同人在镜子中的映像那样,镜像世界和现实世界本身存在着真实的关联和表达。"对于公益性文化单位开设的群众文化网站,应在网络从"虚拟世界"向"镜像世界"转化上进行规范和引导,通过在网络注册、登录、论坛评论、发表作品时采

取实名制等措施,让网络成为弘扬社会主义核心价值观、传播先进文化、提高国民素质、促进人的全面发展的平台,同时网络自身也将在规范、发展和提升的过程中逐渐演变成一种新的文明形式——网络文明。

# 第四节　群众文化的审美效能与审美体验和审美教育

## 一、群众文化审美活动与人的全面发展

### (一)促进人的全面发展是群众文化审美活动的目标

"如果说无产阶级和人类解放是马克思主义哲学的理论主题,那么,人的全面而自由发展就是马克思主义哲学的最高命题。"所谓"全面发展"是指不再因片面的强制性分工而造成的畸形的、单一的发展而言的。

人的全面发展包括人的感觉的解放和发展,人的社会关系和独特个性的发展。审美活动是人类特有的有意识、有目的的精神文化活动,对人的全面发展起着重要的促进作用。"人的一切感觉的解放,人的全面发展都离不开审美体验和艺术体验。"

人的发展包括生理和心理两个方面的发展。

生理发展也包括两个方面,一是机体的正常发育,即身体各部组织器官的健全发育;二是体质的增强,即身体各部组织器官生理机能的增强。人的心理结构主要是由智力、意志、情感三种因素组成,即真、善、美。心理发展包括人的认识能力的发展(感知力、记忆力、思维力、注意力、想象力等的发展)以及情感、意志、兴趣、性格等方面的发展。

共产主义社会的一切出发点是人,"成为人"是其最根本的目标,是一个追求人的幸福与和谐状态的社会。席勒在《美育书简》中说:"作为人的人性的完美实现","只有美才能使全世界幸福,谁要是受到美的魔力的诱惑,他就会忘掉自己的局限。""只有当人在充分意义上是人的时候,他才游戏;只有当人游戏的时候,他才是完整人。"人们在进行群众文化艺术审美体验时,与席勒所说的"受到美的魔力的诱惑""游戏的时候"有一定的相似性,这种体验正是完整的瞬间生成、审美效能充分体现的时候。"人永远是发展中的人。"人的全面发展,是提高国民素质的目标。努力造就有

理想、有道德、有文化、有纪律的德育、智育、体育、美育等全面发展的社会主义事业建设者和接班人,是全社会共同的责任。群众文化是在正规的学习、职业之外,最能体现群众审美情趣的最多元最丰富的载体,尤其是人们走出校门进入社会,在职业之外,以及终身教育的实施过程中,群众文化在社会审美教育和漫漫人生的精神文化生活中的作用非常重要。著名美学家王朝闻说:"包括艺术创造和欣赏,体验是人们在情感活动方面的灵魂。"通过参与各类群众文化活动,感受和发现自然界、人类社会、现实生活和艺术中的美,打动每个人的感情,使他们在心灵深处受到感染或感化,培养正确的审美观点,使他们具有感受美、理解美、鉴赏美的知识和能力,提高人们表现美和创造美的能力,培养人们的心灵美和行为美。

**(二)群众文化审美活动对人的全面发展的促进作用**

审美活动致力于人的综合素质的提高,它对人的知、情、意等各方面都具有积极和有益的影响,而且还特别有利于人的各种能力和素质的协调发展。德国著名哲学家康德为艺术确立了"无目的的合目的性"的审美原则,他在《判断力批判》一书中提出"合目的性可以没有目的","每一个人都有他自己的鉴赏(感官的鉴赏)。""一切都归结到鉴赏的概念:鉴赏是与想象力自由的合法则性相关的对一个对象的评判能力。""由于想象力的自由正是在于它无须概念而图形化这一点上,所以鉴赏判断就必须建立在想象力以其自由而知性以其合法则性相互激活的一种纯然感觉之上,因而建立在一种情感之上,这情感让对象按照表象(一个对象通过它而被给予)在对认识能力就其自由游戏而言的促进上的合目的性来评判。提高审美鉴赏能力不仅仅是欣赏水平的问题,它也包含着雅化人的气质、陶冶人的品格、升华人的审美情趣等一系列道德修养、审美修养的因素。席勒说:"要使感性的人成为理性的人,除了首先使他成为审美的人以外,别无其他途径。"

审美活动对人的全面发展的促进作用具体体现在对人的德、智、体的积极作用。一是对德育的促进作用。群众参与和体验群众文化各种艺术门类的作品欣赏和创作的过程,以及多种群众文化活动中,在艺术鉴赏和艺术创作及文化活动中,艺术美和社会美具有巨大的教育力量,所具有的思想性和艺术性对人的心灵、思想和道德情操会起到潜移默化的影响。对树立正确的世界观、人生观、价值观具有特殊的功效。二是对智育的促进作用。鲍桑葵认为："美就是对感官知觉或想象力所表现出来的特征。"李泽厚认为："美作为感性与理性，形式与内容，真与善、合规律性与合目的性的统一，与人性一样，是人类历史的伟大成果"。在群众文化活动中，因文化艺术内容丰富，文化艺术活动形式多样，在静态艺术和动态艺术活动中，既可以感受到静逸空灵之美，又可以感受到纷纭繁复之美。以艺术方式认识世界，具有具体性、形象性、可感性的特点，因而，它反映现实生活生动鲜明，富于理想和激情，从而开阔人们的视野，发挥他们的想象力和创造力，训练思维，增长智慧，发展智力，扩大和加深人们对客观现实的认识。三是对体育的促进作用。体育本身就是健与美有机结合的教育，美育所培养的形式感有助于运动目标的实现。群众文化具有精神调剂的功能，有助于人的身心的协调发展。

促进上述这些作用有效发挥的重要途径，那就是审美教育、审美体验。

## 二、群众文化的审美效能与审美教育

### （一）审美效能是群众文化的精神调剂作用的主要表现之一

"群众文化在人类发展中所产生的作用称作群众文化的社会功能。群众文化的社会功能是多方面的，但归纳起来主要有四个方面：精神调剂作用、宣传教化作用、普及知识作用、团结凝聚作用。它们之间既互相区别，各有个性，又互相联系，不可分割。"其中，精神调剂作用主要表现在娱乐休息效能、宣泄情感效能、审美效能。"群众文化的审美效能的含义，是通过群众文化的具有审美意义的形式和内容，激发人们认识美、热爱美、追求美、创造美的生活情趣和理想，予人以情绪上的激动、感觉上的快适以及精神上的愉悦和满足。"群众文化的审美效能主要表现在群众文化使人产生美感，提高审美能力，丰富审美经验，改变审美态度，从而使人的整个精神状态发生变化。鲁迅在《拟播布美术意见书》一文中写道："美术可以表见文化"，"美术可以辅翼道德"，"美术可以救援经济"。"美术之用，大者既得三事，而本有之目的，又在与人以享乐，则实践此目的之方术，自必在于播布。"五四新文化运动前后，王国维、蔡元培、鲁迅等人运用的"美术"这个术语也包括了诗歌和音乐，在用法上常常和"艺术"互换。①

---

① 刘金凤. 解读群众文化的社会功能和文化价值[J]. 文化园地，2019(6)：275.

### （二）审美教育对提高审美效能的促进作用

把群众文化的审美效能落实到每一个个体，传递到每个人，关键在审美教育。"一个人的自我的实现是一种审美教育过程。"为了提高人们的艺术修养和审美能力，需要进行审美教育。教育是人类完善自身的一种'人化'方式，必须理性教育与感性教育统一，体智德美全面发展。强调人的生命意识的全面开发，是当代审美教育的根本目的。马克思说："如果你想得到艺术的享受，那你就必须是一个有艺术修养的人。"德国启蒙时期的剧作家、美学家席勒认为，"我们可以说，就其天赋和素质而言，在每一个个体的人的身上都具有纯粹理想人的成分，在各种变化中与这种不变的统一体保持和谐，这是他的生存的伟大使命。"他在其《美育书简》一书中首次提出美育一词。他认为美育就是审美教育，也称美感教育，是通过人们对美的形象的观察培养对美的情感，纯洁心灵，以达到人的全面、自由、和谐的发展。"我们为了在经验中解决政治问题，就必须通过审美教育的途径，因为正是通过美，人们才可以达到自由。"席勒还明确提出了德、智、体、美四育的概念及美育的目的：有促进健康的教育，有促进认识的教育，有促进道德的教育，还有促进鉴赏力和美的教育。这最后一种教育的目的在于培养我们感性和精神力量的整体达到尽可能的和谐。美育一词提出虽晚，但美育思想却早已存在。如古希腊哲学柏拉图和亚里士多德认为，艺术教育具有强烈的力量，能够渗透人的心灵，使人心灵净化，使性格变得高尚、尊贵、优雅。18世纪卢梭和裴斯泰洛齐都提出过"回到自然"，在大自然中感受各种美，培养对美的事物的兴趣和爱好，并主张把"工艺和艺术方面的教育"提到与"道德方面"和"智育方面"相等的地位。

### （三）文化艺术是审美教育和审美效能的重要手段

审美教育包括形式教育和理想教育，是一个全方位提升人生境界的过程。康德在《判断力批判》一书中说："因为无论是谈到自然美还是谈到艺术美，我们都可以一般地说：美的就是那在纯然评判中（而不是在感官感觉中，也不是通过一个概念）让人喜欢的东西。""因此，美的艺术就需要想象力、知性、精神和鉴赏。"美国当代著名哲学家、政治活动家马尔库塞认为："人的解放的根本标志和现实途径，便是以艺术—文化为手段，对心理—本能压抑的消除。"丹尼尔·贝尔说："传统的现代主义试图以美学对生活的证明来代替宗教或道德；不但创造艺术，还要真正成为艺术——仅仅这一点即为人超越自我的努力提供了意义。"形式美、自然美、社会美、艺术美都具有形式教育或理想教育的功能,但艺术美是内容与形式相统一的整体美,艺术是美育最重要和主要的手段。"艺术教育是美育的核心,它的根本目标是培养全面发展的人。"

艺术作为人类审美活动的最高形式,审美价值是艺术最主要和最基本的特征。审美效能的生成是以表演艺术、造型艺术、语言艺术、综合艺术等艺术的鉴赏和创作为主要手段,以学校美育、社会美育、家庭美育为基本途径和形式,按照以活动为中心、分阶段进行的原则进行的。针对不同阶段的人采用不同的美育方式和方法,教学的内容也有所不同。同时,自觉地利用各种社会的审美文化设施与机构、具有审美价值的物质和精神文化产品以及日常生活和社会交往活动中进行审美教育,扩大审美视野,发挥审美效能。

# 第四章 新时期下群众文化团队建设的政府管理模式——以奉贤区南桥镇为例

## 第一节 政府管理群众文化团队的模式转变

### 一、群众文化团队发展的新形势和加强政府管理的必要性

#### (一)群众文化团队的定义和特点

党的十七届六中全会《关于深化文化体制改革推动社会主义文化大发展大繁荣若干重大问题的决定》中指出："要支持群众依法兴办文化团体，精心培育植根群众、服务群众的文化载体和文化样式，引导群众在文化建设中自我表现、自我教育、自我服务。"本研究中的群众文化团队指的是分布在乡镇村落和城市社区的，自发形成的，以非营利性为目的，从事群众性文化娱乐活动的生产与消费行为的组织。这些团队中，小型的有4、5个志同道合的朋友组成的单一文化形式的团队，如广场舞队、朗诵沙龙、小型舞蹈队、戏剧社、小乐队等；也有20、30人左右的综合性业余艺术团，可独立承接包括舞蹈、小品、小戏、曲艺、合唱等多种表演形式在内的一整台文艺演出。概括来说，这些团队就是提供非营利性公共文化产品的，包括"社会上大量的中介组织、居民自治组织、志愿者组织、慈善机构乃至私人机构中涉公部分"在内的各类组织的总和。

这类组织的特点一是非营利性的。具体包括：①群众文化团队活动都是为了满足成员的文化活动需求，以自娱自乐为目的；②和营利性组织不同，群众文化团队的非营利性决定了其没有明确的组织目标，团队中的个人也没有明确的目标规划，参加业余团队的目的就是为了满足自己的兴趣爱好，能到什么程度，团队要达到什么样的规模都不重要。二是大众性、自发性的。群众文化团队的准入门槛低，很多是"零门槛"，大部分群众文化团队的技巧水平在专业以下，活动内容以大众喜闻乐见的形式为主，活

- 084 -

动对象也是最普遍的人民大众。三是责任义务不明确。由于团队管理的松散,参与过程中没有明确的责任义务,离开团队也没有一定的限制,甚至一个成员同时参加多个群众文化团队也是屡见不鲜的。

**(二)文化行政管理部门加强群众文化团队管理的必要性**

当前,各种群众文化团队成级数增长,而社会的文化资源的增长速度远远跟不上团队发展的需求,各种群众文化团队之间发展程度也参差不齐。在这样的情况下,群众文化团队的这些特性,决定了它们在达到一定规模以后必然会面临各类发展瓶颈问题。非营利性必然会导致活动经费短缺,群众文化活动其实是一种大众性的公益事业,和政府公共管理部门不同的是,场地、经费等支持条件的提供者从政府变为了团队里的个人,而个人所能提供的资源比政府更有限。

团队和个人的无方向性发展,势必导致团队内个体发展程度不均,演出机会分布不均、整体技巧水平提升缓慢、效率低下等。还有准入门槛低、责任义务不明晰,容易导致团队内优秀骨干青黄不接、人员流动性大等一系列问题,这时,过去的放任式、松散型的管理模式已不能适应当前的发展需求,需要政府发挥一个守望者、掌舵者的作用。

转变团队管理模式,我们首先要弄清三件事:①管理对象不是普通组织的"经济人",而是一定程度上已经参与到公共管理中的"行政人"。就像西蒙所指出的:"与'经济人'截然不同,'行政人'追求的是解决问题的'满意度',而不是效用的最大化。"②团队的角色要从被动接受者转变为主动参与者。在政策制定、具体实施、反馈修改的过程中都要有团队成员的参与,更民主、更公开的决策和行为过程更有利于团队成员的角色转变。③政府部门的管理职能从"划桨"转为"掌舵"。我们要思考的是怎样调动团队参与公共文化服务的积极性?怎样分解任务,为团队规划好目标前景?怎样量化团队发展的标准?怎样建设好公共文化服务的支撑体系?

在这里我们可以引用一个在经济领域较为成功的"支付宝模式",网络经济由于支付宝平台的介入而得以蓬勃发展。而支付宝并不介入供求双方的交易,而是提供了一个第三方平台,解决了交易的安全性和信息的集中性。而我们在对于团队的发展管理上也可以借鉴一二。加强对群众文化团队发展的管理,是在保持团队自发性、自谋发展的基础上,由政府文化行政管理部门对其适当进行梳理、引导、培训,为团队发展搭建有力平台,提高其活动能力和积极性,加强团队凝聚力建设,维护社会稳定,发挥群众文化团队在社会管理中的积极作用。对群众文化团队进行适当的管理,有利于满足广大群众多样的精神文化需求,有利于提供村居公共服务推进社区建设,有利于引导居(村)民有序参与基层社会管理,有利于群众文化团队的可持续发展。

## 二、新公共管理视域下的政府文化行政管理

### (一)新公共管理理论对"管理"概念的界定

《牛津词典》将"管理"定义为:"通过某个人自己的行为处理、控制事物的过程,实行监督"。而《韦伯斯特词典》定义"管理"是"将某种事物作为一种事业进行管理、处理或监督的行为或艺术,特别是在对结果负责的情况下计划、组织、协调、指挥、控制和监督任何工业或企业计划或活动的执行职能"。"明智地运用各种手段以实现某一目标"。阿利森认为:"管理的三个主要职能为战略、管理内部构成因素和管理外部构成因素。"按照新公共管理的观点,公共管理者被要求去寻找新的创新途径来取得成果或将原来由政府履行的职能民营化,政府管理部门的角色是"掌舵"而不是"划桨",不是由政府管理部门亲自去承担提供服务的责任,而是尽可能地通过承包或其他类似的安排来确定别人去具体实施的项目。也就是说,新公共管理大量地依靠市场机制去引导公共项目。

### (二)政府文化行政管理新内涵

根据这一概念,我们在研究中所说的"对群众文化团队的管理"也不是指直接为群众文化团队提供资源支撑或将管理手段直接作用于这些群众文化团队。我们所说的"管理",是政府文化行政管理部门为实现本区域一定时间内群众文化活动发展的目标,通过市场化竞争、枢纽式辐射和项目化管理的方式,引导团队通过参与社会管理、提供公共文化服务来获取发展的资源,从而达到自我发展的目标。

《关于深化文化体制改革推动社会主义文化大发展大繁荣若干重大问题的决定》中提出了:"深化文化行政管理体制改革,加快政府职能转变,强化政策调节、市场监管、社会管理、公共服务职能。""新公共服务的观点强调的是管理而不是政策"。在戴维·奥斯本和特德·盖布勒的畅销书《重

塑政府》中提到。

催化的政府,"掌舵"而不是"划桨"。公共企业家要超越现存的政策选择,要在其社区内部充当催化剂,以便产生候补的行动步骤。他们选择"掌舵"而不是"划桨"。不集中关注某个单一的目标,而是承认广泛的可能性并且对资源和需要进行调整。"掌舵"的人要规定未来,而不仅仅是依靠传统的假定。对于文化活动团队来说,文化部门的管理是对未来发展的总体把握,而不是对某个团队或某项步骤的把控。

社区所有的政府授权而不是服务。公共企业家已经得知过去为当事人服务的种种努力所产生的不是经济和社会的独立,而是依赖。所以这些企业家开始将公共创新的所有权转给社区。十八大报告中强调:"建设社会主义文化强国,关键是增强全民族文化创造活力",只有充分调动团队成员的创造力,让他们为解决问题提供方案,才能进一步增强社会自治水平,提高文化团队在社会管理领域的积极作用。[①]

竞争性的政府。将竞争机制引入服务的供给之中。公共企业家已经认识到,试图提供每一项服务的做法不仅会消耗公共资源,而且会导致公共组织能力的过分扩张,进而会降低服务的质量和有效性。这些公共企业家通过鼓励和促进公共服务的供应者、私人服务的供应者和非政府服务的供应者之间开展竞争来抵消这种趋向。

过去政府部门为少数群众文化团队提供资金支持,并为其提供演出机会,造成了不少团队动不动找政府要钱、要演出的现象。在如今文化团队成级数增长的新形势下,政府有限的资金和活动已无法平衡各团队的需要,有些政府干脆不管,只在必要的时候通过项目购买公共文化服务,而团队间对公共文化资源和"被购买"的机会的争夺将会引发更多的社会矛盾。如果有一个令人相对比较信服的专业组织,将提供公共文化服务、参与社会管理和获得文化活动资源相结合,引入竞争机制,在公开公平的环境下分配资源,不仅能很好地解决矛盾,也将进一步提高效率,促使群众文化团队在综合素质和能力技巧方面的提升。

综上所述,在本次研究的概念里,对群众文化团队的管理,是把握总体发展的目标,以授权团队和其他组织提供解决公共文化服务问题的方式,在公开公平的环境下通过竞争获取发展资源的一个过程。

---

① 艾思同,李荣菊. 政府文化管理教程[M]. 北京:国家行政学院出版社,2013.

## 第二节 传统管理模式在新形势下的问题和困境

传统的对群众文化团队的管理一般有两种模式,一种是政府全盘管理,由政府大包大揽,服从政府部门指挥;另一种是买卖型管理,政府放任不管,只在需要的时候向团队"购买"节目,由团队自主管理。

### 一、政府全盘管理模式的利弊

#### (一)政府全盘管理模式的特征

政府全盘管理型模式指的就是由政府为团队设置发展目标,管理发展进程,规范各项制度,提供资金扶持,策划活动甚至是指定节目形式和内容。这种模式适用于区域内团队发展初期或团队较少时,其特点是政府大包大揽,以行政化的手段进行管理。群众文化团队从经费、场地到活动内容、管理人员全部由政府指定,在政府需要时以相对低廉的价格或义务的方式提供公共文化服务。

在这种模式下,群众文化团队和政府文化行政管理部门之间的关系就是一种从属关系,接受政府的领导,在人员结构上也有层级制的特点。团队每年都有固定的经费,演出平台、活动内容都有政府文化行政管理部门设计好,团队成员只要按照要求提供文化产品就好。团队的发展方向由政府制定,符合政府对群众文化发展的要求,管理的机制体制也由政府文化行政管理部门帮忙制定。

#### (二)以奉贤区南桥镇为例的政府全盘管理模式利弊分析

1.奉贤区南桥镇政府全盘管理模式出现的时间和情况

奉贤区南桥镇的政府全盘管理模式出现在区划调整前团队较少的时期和如今团队还不是很多的各村。在区划调整前,南桥镇镇域面积只有8平方公里,全镇只有一支比较成规模的综合性群众文化团队——枫叶艺术团。该时期,每年都在政府预决算报告中列出枫叶艺术团的专项支持经费,每年政府的公共文化服务都向该团队购买。团队的骨干成员由退休后的老领导、体制内成员和原专业剧团成员担任。在政府的支持下,该团队发展迅速,文艺爱好者以加入该团队为荣,团队管理人员比较省力,专心致志搞文化创作。但这也养成了该团队"节目不大、脾气挺大"的感觉，群众文化团队变成了与政府挂钩的文化组织，团队真正水准，较高的骨干队员不多，养了大量的"闲人"，社会组织有向官僚机构靠拢的趋势，又因为缺乏竞争，节目质量不高，人的危机意识也不强。

区划调整后，该镇的镇域面积变为112平方公里，文体团队数量激增，在2004年至2013年间共增加了160多支文体团队，更有原西渡镇的老牌优秀团队并入，为枫叶艺术团带来了不小的冲击。团队多了，政府也不能提供专项支持经费了，一下子面临经费缺乏、演出机会骤降等困难，团长的位置成了烫手山芋，前后两任团长因自己小有资产，贴了不少钱，但团队经费的无底洞已经成为他们的负担。成员之间矛盾越发尖锐，最后枫叶艺术团不得不分裂，组成了其他两支团队。

2. 政府全盘管理型模式的利弊

目前，我国公共文化事业的投入主要还是依赖政府，公益性文化活动的策划组织、节目编排、人员安排等基本全靠政府，群众文化团队自我管理和主动创新的能力还不强。因此在区域内团队较少或者团队刚刚开始发展的时期，采用政府全盘管理的模式有利于团队较快成长，有利于政府更好地把握团队发展方向，也有利于团队成员尽快产生归属感并专心投入文化活动中。

当然，随着社会的发展和公共管理理论的研究，政府全盘管理的模式显然是不符合新公共管理理念的，尤其是不分团队大小和发展程度的统一全盘管理。最大的弊端就是无论从经济上还是工作量上都加重了政府的负担，当团队数量激增的时候，政府的扶持就远远跟不上团队发展的需要。在僧多粥少的情况下，势必会产生资源分配的不合理，"人情化"现象严重，打击了其他团队的积极性，激化团队之间的矛盾。

同时，政府的过多介入也限制了团队自主发展的积极性。过分依赖政府的结果是团队缺乏自我管理的能力，团队负责人的威信和凝聚力不够，队员之间彼此不服气，缺乏团队发展的科学规划，无法调动团员的主观能动性。一旦政府无法给予同样的支持，团队必然开始走下坡路。

对团队成员来说，参加群众文化团队的多为退休在家的老人，他们参加团队的目的是在轻松、愉快的氛围中充实生活，得到社会交流，实现自我价值。在他们的心目中，团队的特点是轻松、自愿、活泼的。如果加入团队还要接受行政化的管理,会使人在心理上产生排斥,进而影响管理的效果。同时,长期的政府管理会使人产生群众文化团队是政府下属部门的错觉,团队成了政府的附庸,成为政府文化行政管理部门的延伸,在团队的管理上也处处体现着政府层级化的现象,有些团队成员会产生高高在上的感觉,脱离了大众性的本质。

## 二、买卖型管理模式的利弊

### (一)买卖型管理模式的特征

另一种传统的管理模式是纯买卖型管理,团队发展与政府无关,政府作为买方,在需要的时候以一次性结清的方式向团队购买需要的节目。也就是平时政府对团队放手,任其自由发展,在文化活动需要时帮助制作服装、道具,并付给包括排练费、就餐费、演出费等在内的节目报酬,称为"养节目不养人"。其特征就是团队发展不再和政府有关。政府和团队成了两个互不关联的整体。团队要发展需要靠节目"吃饭"。在这种模式下,节目有机会演出成了团队发展经费的唯一来源,"争上台"现象愈演愈烈。

这种模式将政府和群众文化团队的关系简化为一种纯买卖的关系,文化部门在其中扮演的就是一个演出经纪的角色,虽然调动了团队的竞争意识,但将公共服务作为纯商业性质的买卖将会失去其公益性的本质,从而带来团队"一切向钱看"、政府用于购买公共文化产品的成本增加、文化资源提供不足等问题。原本业余文化团队成立的目的是自娱自乐,想上台演出也只是个人展示风采的一个美好愿望,而这样一来,在经济利益的驱动下势必会激化团队之间的矛盾。①

### (二)以奉贤区南桥镇为例的买卖型管理模式利弊分析

买卖型管理模式出现在南桥镇文化团队大发展时期,也是目前比较主流的管理模式之一。区划调整后,文化团队数量激增,原西渡地区的团队提供的文化服务质量较高,团队综合竞争力较强,这部分团队成了南桥群众文化活动的主体。

在这样的模式下,为了获得更多的资源,团队的竞争意识不断增强,节目质量不断提高,并懂得通过各类比赛打响知名度,建立文化品牌,其代表就是诞生"乡村456"的西渡秋韵舞蹈队。

---

①范明辉. 政府管理群众文化团体的模式探究[J]. 青年时代,2015(21):42.

这种模式在一定程度上推动了区域内文化团队的发展和繁荣,但在如今团队发展从数量增长到质量提升,更加注重长远的可持续发展的时期已经渐渐不能满足群众文化活动的需求。文化团队变成了带有一定营利性的组织,和政府的关系变为了纯粹的买卖双方,失去了群众文化团队建立时"自娱自乐、交流学习"的初衷以及为社会志愿提供公共文化服务的公益性的特征。在这种模式下,团队最突出的矛盾就是成员个人经济利益和团队自身发展之间的矛盾,团队过分依赖政府组织举办各类群众文化活动,而忽视了自身的建设,不会主动探索积极为区域内的大众提供公共文化服务,逐渐拉远了与群众的距离。由于群众文化团队并不是一个严格意义上的社会组织,没有明确的团队发展目标和一段时期内的计划,对于获得的资源如何进行合理配置也没有科学的方案。很多团队演出所得直接交给成员,而团队自身活动经费就相对缺乏,不利于团队凝聚力的形成和长远的发展。为了保证节目质量,骨干成员挑大梁,其他成员展示的机会就大大减少。许多好的团队成员之间联系比较紧密,已形成了固定的搭配,新鲜血液流入较少,甚至有些团队已经很多年没有吸纳新的成员,人才梯队没有建立,人员出现青黄不接的断档。

# 第三节 奉贤区南桥镇"枢纽型"管理模式的探索

## 一、奉贤区南桥镇群众文化活动团队发展的现状

### (一)南桥镇群众文化团队的基本情况

1.概况

据第六次全国人口普查数据显示,上海市奉贤区南桥镇现有常住人口39万,是该区人口密度最大、社区最多、面积最广、建设最成熟的一个镇。而作为奉贤政治、经济、文化、信息的中心,群众对文化活动的需求量极大,参与活动的热情也最高。在这样的情况下,南桥镇的群众文化团队如雨后春笋般层出不穷。

据统计,截至2013年12月底,南桥镇共有文体团队187支,该镇将这些团队分为文化娱乐、体育健身、休闲爱好、公益服务四大类。其中,文化

娱乐团队 81 支、体育健身团队 71 支、休闲爱好团队 18 支,公益服务团队 17 支,参与人员 5600 余人次,其中有党员 680 名。除光明社区团队较少外,其余西渡社区、第二街道以及 17 个村基本都有 30 支团队,分布基本均匀。

2.现状分析

根据对现有部分团队的调查,比较活跃、稳定的群众文化团队规模一般都在十几到二十几人左右,以离退休人员居多,年龄主要在 40 岁至 70 岁,其中除了书法、摄影等静态文化男性成员较多外,其他文化活动女性队员普遍多于男性。

较好的群众文化团队基本都有固定的活动场所和活动时间,大部分以排练节目为主,间或举行一些茶话会、培训会、总结会等。社区团队的活动经费主要分为团队骨干成员自筹、演出单位赞助、从演出报酬中余留三种方式,而农村团队的活动经费多数为村财政支持。少数团队有社会团体赞助或通过开办培训班收取少量学费以维持基本活动开支。团队基本活动经费基本在 5000 元到 8000 元。一部分健身团队不需要经费支出(如健身操和广场舞团队),其余健身团队的费用基本由村、居委会协助解决,金额差距较大(200 元至 20000 元不等),主要与团队所在村、居委会的经济实力有关。

和农村群众文化团队相比,社区的文化团队主要有四方面不同:

(1)资金来源不保障

村级文化团队一般都有村级经济支持,每个村都有农家会所,排练场地固定,但社区文化团队经费来源不固定。而且由于居民区的实际条件,排练时间和场地也有所限制。

(2)人员流动性大

村级团队由于受地域限制,一般成员较固定。但社区团队经常出现一个队员同时参加几个团队,一台节目代表好几个团队多次上场的现象。另外,不少骨干队员可能由于彼此之间意见不合等种种原因,导致团队分裂。目前,有不少团队就是在原来一个团队的基础上分裂而来的。

(3)演员起点较高,具有专业指导,节目水平较高

发展较好的社区文化团队在队员的组成上多以退休前文艺界人士为

主,招收的新人也是相对基础较好的。同时,由于近水楼台的原因,经常能够在人才济济的社区中找到专业的指导老师,镇级文化部门也经常给予各种指导培训,因此节目演出水平较高。而村级文体团队由于原本基础较弱,指导次数也较少,整体演出水平就比社区的要低。

(4)演出机会不均等

村级文体团队以自娱自乐为主,演出机会较少。而社区团队则演出较多,其中还有因专门参与各种比赛而组建起来的舞蹈队等。

**(二)综合团队发展经验和困难分析**

以上两个例子是目前最为优秀的团队发展经验,综合全镇其他较为成功的团队和目前困难重重的团队情况来看,可大致分析如下:

比较出色的团队一般负责人和骨干在团队中都有较高的威信,并具有较强的社会活动能力,甚至要有一定的财力支持。有的团队如西渡秋韵舞蹈队从比赛起家,以高素质的队伍取得资金支持和演出平台;有的团队如星贝艺术团,结合时事热点编排系列节目,和有关部门联合,以项目化运作的方式取得了双赢的效果;还有不少团队通过自身关系网联系各基层单位送戏进社区、下农村。

目前决定一个团队生存的关键两个因素:资金和演出平台。而其中最关键的还是演出平台,因为资金、演出质量和演出平台的条件限制,在目前的情况下,一年的演出场次远远不能满足所有团队的演出需要,而基层群众也有很强的观看优秀文艺演出的需要。现在的状况是:团队排了戏没处演,需要的群众没戏看。另外,许多团队中就几名骨干演员在演精品节目,而稍显欠缺的队员却没有了表现的机会,两极分化严重,造成团体中后备人员不足,团体组织非常脆弱,极易因为骨干的离开而造成团队的解散。

其次,由于团队负责人往往要从自己的腰包里拿出不少资金,长此以往,团队负责人也成了一桩"苦差事",不仅要出钱,还要为团队争取演出机会。而这些负责人多数为退休人士,精力和财力也毕竟有限,制约了团队的进一步发展。

最后一个问题就是新队员的招收渠道单一,大多是共同兴趣和朋友介绍,许多团队也已经很久没有招过新成员。培训方式也仅以"师傅带徒弟"的方式为主,这对团队的发展也有一定的影响。

### (三)政府公共服务资源配置和投入保障的现状和问题

根据2013年南桥镇政府财政预算可知,2013年政府用于全镇文化事业的经费约为380万元,其中,专用于支持群众文化团队参与社会管理的经费为50万元。全镇17个村平均每村每年支持村级文化团队发展的资金约为1万元,47个居委会当年举办各类文化活动约为200场,每场经费平均在5000元左右,无团队专项支持经费。2013年,南桥镇举办各类镇级文化活动500余场,各社区、农村共举办各类文化活动250余场,为各文化团队提供了丰富的展示舞台。

1.文化场地

随着政府对文化活动越来越重视,制约文化团队发展的场地问题有了很大的改善,镇、社区、农村都形成了三级文化阵地网络。在镇一层面上,2010年5月建成使用的南桥镇社区文化活动中心是团队排练、活动的主要场地,目前共有34个团队定期在中心大楼内活动。在农村层面上,全镇17个村都建设了村级文化活动室,这为各村的文化团队活动提供了便利。而在居民区,新建的居委会都有适合团队排练的文化活动室,平均每个活动室可容纳3个至5个团队排练。2012年启动社区标准化建设,5年内,全镇21个没有文化活动室的老旧小区将全部进行居委会改造,建设适合文化团队活动的标准化场所。截至2012年年底,已有3个小区完成了标准化建设,新的文化活动室已经投入使用。①

从理论上说,这些阵地的建设应该能很好地解决团队排练场地的问题。但是事实上却存在着活动室空置而团队没有活动场地的问题。这中间其实缺了一个管理和调配的环节。目前由于社区举办的活动少,经费有限,大部分居委会对文化团队没有有效的管理抓手,"喊不动",居委会和文化团队之间的联系也不够密切,没有良好的互动机制。居委会的文化活动场地缺乏管理人员,没有形成常态化的管理制度,使得群众文化团队不能方便、正常地开展文化活动。因此许多团队也不屑于到社区活动,反而削尖了脑袋往镇文化活动中心或区级活动场所钻。这也是大部分居委会活动室空置,而镇社区文化活动中心场地供不应求的一大原因。

---

① 杨珺. 群众文化团队的政府 管理模式研究——以奉贤区南桥镇为例[D]. 华东政法大学,2014.

2.演出资源配置

目前最大的问题就是演出资源配置的不均。演出资源指的是参与各类活动、展示、演出的机会,对团队来说是通过演出获取生存发展的物质资源的平台。在过去团队较少的时代,演出资源是可以平均分配的,这是文化的"计划经济时代",而如今,供大于求的局面标志着文化"市场经济时代"的到来。

在过去没有"枢纽型"管理平台的情况下,获取演出资源主要取决于节目的质量,而团队成员的人际关系也在一定程度上决定了资源的配置。高质量的节目自然有理由获得资源倾斜,而在同等条件下,根据费孝通在《乡土中国》中提出的"熟人社会"概念,出于对"熟人"的信任和对"熟人"团队节目的了解,会在配置资源的过程中有所倾斜。这就让一些较好的团队和人际关系面较广的团队有了更多的发展机会,而新兴团队、质量较差团队或者没有一定人际关系的团队的路就会越走越窄,大部分的资源就集中在少数的团队手中。

另外,许多政府和基层单位在策划活动的过程中,更倾向于将不同团队的优秀节目根据自身活动需要组合在一起,这就要求团队必须拿出最好最合适的节目。而这使得在团队内部,骨干成员拥有较多的演出机会,除了自己的团队,其他团队也会频繁邀请。久而久之形成了一个人在多个团队内流动,活动现场总是这几张"熟面孔",不利于团队人才梯队的培养。

## 二、枢纽型管理的基本模型和情况分析

我们在探索一种新的管理模式,它必须由政府引导,但又有些类似于"支付宝",并不直接介入团队的发展,不直接对公共文化资源进行分配。它为团队发展提供一个公开获得信息的平台,一个教育培训的平台,一个相互沟通的平台,一个争取参与文化项目的平台。就像交通运输的枢纽站,既集中了资源又保持了团队的独立性、自由与发展并存。

### (一)"枢纽型"组织的基本情况

说到"枢纽型管理模式",我们首先要弄清楚在这一模式中起关键性作用的"枢纽型"社会组织的来龙去脉。"枢纽型"社会组织的提法首次见于官方文件是2008年北京市委、市政府出台的《北京市社会建设实施纲要》

《关于加快推进社会组织改革与发展的意见》等"1+4"文件中,提出了构建"枢纽型"社会组织工作体系的新思路,全市各级行政部门原则上不再作为社会组织业务主管单位,充分发挥人民团体等"枢纽"社会组织的重要作用。

进一步界定了"枢纽型"社会组织内涵的文件是2009年3月北京市出台的《关于构建市级"枢纽型"社会组织工作体系的暂行办法》,规定了"由负责社会建设的有关部门认定,对同类别、同性质、同领域社会组织进行联系、服务和管理,在政治上发挥桥梁纽带作用、在业务上处于龙头地位、在管理上承担业务主管职能的联合性社会组织"。而在2012年北京市第十一次党代会上,"枢纽型"社会组织更是成为热议的话题。中国人民大学学者崔玉开指出,与其他社会组织相比,"枢纽型"社会组织具有合法性、排他性、资源整合性和代表性四大特征。

这传达了以下几层意思:由政府权威部门认定的,是合法的正式组织;需在现有的社会组织体系中具有中枢地位,一般同一领域只能存在一个"枢纽型"社会组织,且具有一定的代表性;应具有相配套的人、财、物等公共资源分配权力的资源整合性功能,从而代替政府对其他社会组织进行管理与指导、服务的社会组织。

北京将"枢纽型"社会组织具体落实到实践当中是从2009年开始的,在认定了首批10家市级"枢纽型"社会组织后,又在2010年、2011年分别认定了12家、5家市级"枢纽型"社会组织。这27家市级"枢纽型"社会组织对市级社会组织的服务管理工作覆盖率达到了85%以上。截至2012年10月,已经有24000多家各类民间组织与"枢纽型"社会组织建立了联系。

上海市在提出"枢纽型"社会组织概念前,就已经有了这方面的实践探索。早在2003年,上海市普陀区就在全区9个街镇探索性地建立民办非企业性质的社区民间组织服务中心,静安区在当地率先建立"1+5+X"的枢纽式管理服务机制,这些都是上海社会组织管理实践中"枢纽型"社会组织的雏形。

"枢纽型"这个提法正式出现在上海的官方文件中,是在上海的"十二五"规划中,明确了"要加强枢纽型'社会组织建设,发挥'枢纽型'组织在社会组织管理、发展和服务中的重要作用"。在2011年上海市制定下发的

《进一步加强本市社会组织建设指导意见》中,确定了"分类建设、分类扶持、分类管理"的基本思路,提出了枢纽式管理的设想。"上海的"枢纽型"社会组织更多落实在街镇层面,提出要将"枢纽型"社会组织建设成为会员单位的服务中心、权威信息发布中心、政府购买服务的受理中心、规范化建设的评估中心和党建工作的指导中心,这"五个中心"。

有学者认为枢纽型社会组织的共同点为对多个单一性组织的支持性管理或服务,与单一的操作型组织相区别,具有较高的综合式管理特征,其在各地的实践形态可分为三种类型:"一是政治性人民团体,诸如工会、妇联、残联等,多是按人群特征来划分;二是行业协会或联合会,代表性的有经济类组织或社会类组织所形成的较有影响的行业协会,具有一定的行业特征或互益性特点;三是综合性社会组织联合会或社区组织服务中心,具有较强的社会服务性。"前面两种类型按照人群和行业特征进行划分,而后一种类型则更多地体现为"属地化""基层化"的管理特征。对文化团队进行"枢纽型"管理的组织就属于第三类。

**(二)南桥镇"枢纽型"管理模式的组织架构和意义**

奉贤区南桥镇的"枢纽型"管理模式是以南桥镇群众文化活动团队联合会为"枢纽",各社区、村文体教育干部为"触手",运用政府购买项目、团队星级评定分级管理、四大类团队骨干培训教育等手段构建一个辐射型管理网络。

2012年7月由南桥镇社会党委牵头,注册建立南桥镇群众文化活动团队联合会。联合会由15人组成,会长、副会长,秘书长、副秘书长等由镇社事科、文明办和社事中心主要负责人担任,理事由4个社区(街道)和部分村党群副书记或组纪宣委员担任。联合会会长由镇社事中心党支部书记、副主任担任,从而加强了对活动团队的日常管理和党建工作指导的力度。同时,配备了一名群众文化团队党建工作专职指导员,协助中心党支部书记和联合会会长抓好日常工作。从这些配置上可以看出,该镇的团队联合会还是没有脱离政府的控制范围,虽然加强了"枢纽型"组织和政府部门的血脉联系,但也限制了这一组织的灵活度。

针对南桥镇群众文化团队规模大、类型多、涉及面广的实际,为了便于服务管理和组织开展活动,该镇将187支群众文化团队分为文化娱乐、体育健身、休闲爱好、公益服务四大类,并按照这四个类别成立了联合会属下的四个分会。四个分会、八名负责人都曾经在相应类别的文化团队中担任负责人或骨干,有一定组织协调能力,在活动团队领域较有威望,具有较强责任心、身体健康。南桥镇还研究制定了《南桥镇关于加强群众文化团队党建工作的实施办法》(南社委〔2012〕4号),形成由政府指导,各社区、村配合,联合会作为中心枢纽的"枢纽型"管理模式。从实际操作上来说,这八名四大类分会的负责人是真正意义上的群众自我管理的骨干,是联系政府部门和群众文化团队的纽带。

在南桥镇的这个模式中,作为中心枢纽的南桥镇群众文化活动团队联合会主要的管理人员都来自政府各相关职能部门,而作为二级枢纽的分会负责人则全部来自各群众文化团队,这样的构成既考虑到了政府在管理方面的作用,又实现了团队自治。政府文化行政管理部门在"枢纽型"管理模式中的作用是一个守望者、掌舵者和沟通联系的桥梁。在运行中,中心枢纽负责制定各时期的目标,承接政府交给的公共文化服务任务,及时调整群众文化团队的发展方向,并通过联合会的平台,为团队负责人与同类别的其他团队成员、团队与团队之间以及团队和政府文化行政管理部门开展经常性的沟通、交流活动。

当然这样的构成形式还是不够完全的自主,可以说是还具有较强的行政特性。虽然不能完全摆脱政府行政化管理的影响,但是从形式上已经和一般的权力部门区别开来,最终的落脚点还是社会组织,而非权力部门,有利于开启群众文化团队自我管理的方向。目前只是在探索起步阶段,这样的组织架构不仅设立了一个相对安全的"护栏",让文化团队管理不至于脱离政府引导的方向,也让这个"枢纽"打通了政府其他部门的"供血通道",有利于群众文化团队更好地获取政府的服务性支持。最后,这样的架构打破了单个团队之间的藩篱,能提高管理经验和公共文化资源的共享率,增强团队对南桥镇的归属感。

### 三、南桥镇"枢纽型"管理模式的发展

对照市政府提出的"五个中心"要求,南桥镇以社区文化活动团队联合会为"枢纽",南桥镇创新探索了政府购买项目公开招标平台、团队标准化评估平台以及文化资源支撑平台的建立。

### （一）政府购买项目公开招标平台的探索

圣保罗市前市长乔治·拉蒂默说："各项计划若是要真正起作用，一定要让其服务的对象拥有它们。"《改革政府》的作者戴维·奥斯本和特德·盖布勒认为，社区拥有的政府是授权而不是服务，"我们让官僚主义者控制了公共服务，哪些愿意提供帮助的人反而没有机会。"政府部门的职能应该是向社区提供资源、支持和培训。应该更多地向公民授权而不是收集服务对象。如果一个政府不能很好地授权给公民，只是让公民被动地接受服务，那么就会损害公民对社区的信心和能力，养成服务对象的依赖性。

南桥镇在建立文体团队参与社会公益性项目招标制度的时候就是在探索这样一种"授权"，通过团队联合会建立招标平台，用项目的形式进行了文化团队参与社会管理的探索。我们力图建立的是这样一个模式：政府需要进行购买的服务以项目的形式，通过"枢纽型"组织平台发布，有意向招标的团队发挥自己的主观能动性对项目进行分解，拿出可行的具体操作方案，发标方根据需求选择最佳方案的团队，"枢纽型"组织对方案实施的过程进行监督、评估和反馈。

2012年，南桥镇出台了《南桥镇社会群众活动团队参与社会管理服务工作的意见》（南府〔2012〕44号），并启动了"宣传垃圾分类"的项目。这个项目的目标是对全镇垃圾分类先行试点的10个小区，6140多户居民进行垃圾分类宣传。在这一项目运作中，团队联合会通过指定的方式将该项目发包给11支比较适合的团队，环卫部门和他们签订了项目管理协议，印刷好了宣传资料并组织了几场宣传活动，一年花费约20万元，用于队员上门宣传、活动宣传的劳务支出以及资料印刷、活动布置等费用，然而效果却并不理想。队员有没有把资料全部分发到户呢？活动为什么没有形成较大的影响呢？真正对垃圾分类有所了解的居民有多少呢？这样的项目运作，完全没有调动起团队的积极性，对于更多的成员，他们可能认为自己就是被政府雇佣的，向居民分发宣传资料的快递员而已。这次尝试的结果，让我们意识到，对"枢纽型"管理模式中，"枢纽"组织的角色定位还不够清晰，平台运行也没有严格按照规范流程走。

认识到这样的问题后，2013年南桥镇开始转变项目的运作方式。首先，继续拿出几个政府购买的公益性服务项目，如：整场文化演出配送、"道德讲堂"单个节目配送、社区工作第三方考核、市民巡访团等。然后，由群众文化活动团队联合会出面,将这些项目面向全镇各文化团队进行公开招标。竞标的团队必须拿出可行的目标、方案、计划和预算,由居民代表、政府文化行政管理部门代表和团队联合会中的四大类团队负责人一起投票决定将项目给哪个团队。竞标的过程,其实就是一个选择团队、选择方案的过程,这样能充分发挥团队自己的创造力,拿出自己的解决问题方法,政府文化行政管理部门要做的只是选择,而不是制定。

在以往的公共管理中,政府将管理对象看作是纯粹的"服从者",是"庇护对象",对他们的自主管理能力不够信任,没有将他们看作是有能力完成目标任务的"公民"。而事实上,就像明尼苏达大学汉弗莱学员的汤姆·迪尤尔所说的"公民是那些自己明白自己的问题所在的人。公民看得到彼此之间的关系,相信自己有能力采取行动。好的庇护对象是糟糕的公民,好的公民组成强有力的社区。""我们应该相信团队更能拿出贴合群众,贴合自己的项目执行方案。而那些落选的团队也成为自然的监督员,为项目进程管理提供监督和反馈。

### (二)团队标准化评估平台的探索

"枢纽型"管理模式的优势之一是更公平、高效地配置资源,它依赖于一个可量化的评估体系。团队标准化评估平台的建立需要分两步:一是建立具体的评估标准,二是建立公平公开公正的评估方法。2012年8月,《南桥镇社会群众活动团队星级管理办法》和《南桥镇社会群众活动团队星级评定标准》正式出台,引入了星级管理的制度,建立了团队申报备案、评估定级、项目竞标、培育激励等管理制度和群众活动团队服务参与机制。即按照团队的业务发展程度和参与社会管理的情况给团队评星,按照星级为团队提供资金扶持、排练场地以及演出机会等资源,激发了团队的积极性。

我们首先要解决的是"考核哪些团队?由谁来考核?考核什么?怎么考核?"的问题。

第一,考核的对象是南桥镇范围内的社区群众文化活动团队。而且,这些团队必须已到村、居委会报道,并在群众文化活动团队联合会备案。对这些社区群众活动团队的定义,是指在街道社区内,由居民自发形成,自愿参加,暂不符合社会团体法人登记条件的非营利性社会组织,根据主要活动内容可分为文艺类、体育类、休闲类和公益类四大类。

第二,考核的人员由团队联合会、村、社区、团队成员和居民代表组成。

第三,考核的内容包括团队自身建设、参与社会公共服务和文化技能水平三个方面。

第四,考核方式通过对照要求查看资料、村和社区推荐意见以及群众文化活动团队联合会审核意见三个方面综合给出评分,按分数排定名次,按比例评出一星至五星团队。

其次,是明确权利、义务的问题。因为文化团队是非政府组织,无法用行政的手段约束,因此,对于文化团队的考核我们也应该给其选择的余地。权利和义务是共存的,团队可以选择不参加考核,不履行义务,仍旧自由发展、自娱自乐。但是相应的,它也不能享受同等的权利,不参与社会文化活动资源的分配。参加星级考核既是团队的权利,也是它们的义务。所有备案的团队都义务接受其报到地区的村、居委会的管理,参与报到地区村、居委活动和志愿服务,完成南桥镇群众文化活动团队联合会交付的各项任务,接受其业务指导。而这些团队也有权利按照所评定的星级享受社会文化活动资源的分配,有权利要求公平公开地参与社会服务项目的招标等。

团队要发展,必须有社会公共资源的支持,需要有行业协会的肯定,需要有村、社区提供的平台。权利和义务相辅相成,这也是星级管理制度之所以可行的原因。

再次,是考核后资源如何分配的问题。根据分值,由低到高划定了五个星级。

一星至三星级的团队以自我管理、自谋发展、自娱自乐为主,有条件的村、居委可根据团队星级和实际表现来分配本地区的资源(如排练场地、或部分补贴等);四星至五星级团队由镇社事中心和镇群众活动团队联合会直接进行业务指导,按团队星级和实际表现享受镇级资源的分配(如进入镇社区文化活动中心排练,优先参与节目选拔、演出展示或享受一定的活动补贴等);所有团队每年必须结合自身特长或优势,为社区提供至少一项志愿服务;鼓励文艺、体育类团队积极报名参加一年一度的"风华南桥新农村"农村文体团队展演比赛或"魅力南桥我的家"社区文体团队展演比赛,以奖代补,为团队提供展示平台和资金支持;每年对社区群众活动团队的演出节目、展示内容或服务项目进行登记,建立集中展演、项目招标和配送制度。

有限的社会公共文化服务资源不可能完全满足每个群众文化团队的需求,优胜劣汰也是群众文化团队发展过程中必须经历的一个过程。有重点、分等级地分配资源,就是将市场竞争的机制引入社会公共管理,促使团队在竞争中完善自身建设,提高自身素质,提升参与文化活动的技巧水平,树立社会责任感。

最后,要解决的是如何评估考核结果、建立反馈机制的问题。要建立评估、反馈机制,第一要有公信力的评价主体。因为考核者具有四个层面:政府文化行政管理部门、所在地管理人员、团队负责人代表和服务对象代表,那么对考核结果的评估也要考虑这四个层面人员的意见,畅通团队负责人、团队成员对考核结果反馈的渠道。第二,要有公开透明的信息发布机制。星级评定结果首先要让广大的团队知晓,然后才能评估和反馈。不仅是结果的公开,评定的过程也应该进行公开,在每一个环节都要有信息发布、公开的机制。一是政府文化行政管理部门可以通过网站、海报、媒体等方式公示过程和结果,设立公众意见箱,让群众对考核结果进行监督、反馈。二是可以通过问卷抽样调查和村、居委干部直接反馈的方式对所在地管理人员和服务对象进行考核结果评估,了解群众的满意率如何。三是通过群众文化活动团队联合会的网络,通过每月的四大类团队负责人例会对考核过程、结果进行通报和反馈。

### (三)文化资源支撑平台

"枢纽型"管理模式另一大优势在于更好地集中资源,因为它是一个综合性管理服务的模式,不仅有利于将零散的资源集中起来,也有利于吸引更多的支持性资源投入。我们看到,在一般的模式下,虽然政府对文化团队的发展投入的资金一年比一年多,但是真正得到扶助的团队数量却非常有限。以南桥镇为例,全镇187支文体团队中,经常性为政府提供公共文化产品而得到资金扶助的只有不到20支,占总量的10.7%左右。在其他调查的街镇当中,政府重点资金扶助的团队也只有20支左右,所占的比例也在13%、14%左右。建立文化资源支撑平台,可以将资源整合成专项的基金,并可以多渠道开拓资金来源。

加大资金投入,要设立专项基金,专款专用,而不是放在文化活动经费里"打擦边球"。如:2012年,南桥镇在政府预算中特地预留了群众活动团队专项补贴资金40万元,2013年为50万元,用于群众活动团队党建工作和参与社会管理服务,2013年初,奉贤区委社会党委对进行"枢纽型"管理的社会组织给予专款补贴。这些费用不同于文化活动经费,是在群众文化团队管理过程中所需要配置的启动资源,是为团队自身建设和长远发展提供支持的经费。

加大资金投入,就要进一步"开源",多渠道开拓资金来源。目前,很少有社会组织愿意出资为单一的文化团队投入资金,而且社会组织参与群众文化活动的形式比较单一,多数为资金、实物的支持。而"枢纽"组织的存在就加重了争取资金投入的砝码。一般社会组织参与公共文化服务的方式,常规的在大型文化活动中利用冠名等方式得到企业资金或实物的赞助。新的方式是由企业直接资助品牌文化团队,再由品牌文化团队义务提供文化服务产品,这需要品牌文化团队具有较高的知名度,如"乡村456"舞蹈队。新形式的尝试还有在社区中的企业、学校利用自身特长直接提供公共文化产品,或者参与政府举办的群众文化活动,提供文化服务。如江海幼儿园、江海一小参与社区亲子活动班和纸艺班的培训活动,提供教学和管理的师资。还有一些文化责任意识较强的企业负责人,自发为社区提供公共文化服务,从而提升企业的文化品牌形象。如原金叶商场义务长期为文化团队提供排练场地,由团队出力,定期在大厅举办各类公益性文化活动等。

但这需要社会组织的负责人具有较强的社会责任感和树立提升组织内外文化软实力的意识。原金叶商厦后来的负责人在更多同类大型百货商场进驻南桥后片面关注经济效益而忽略了文化建设,使得文化团队失去了社会力量的支持,自身的品牌文化形象也一落千丈。

建设团队发展的文化资源支撑平台,还要从完善文化基础设施建设做起。政府的一个职能就是提供公共文化资源,在团队发展的管理中,要提供更多的基础文化设施。作为"枢纽"团队联合会对长期在南桥镇社区文化活动中心活动的团队合理安排了活动的时间,制订了活动室使用制度,并督促他们定期开展活动。同样在社区、农村,属地化的管理让团队能够就近享受文化资源,同时,联合会的存在,又能进一步发动团队志愿者加入到文化设施管理的队伍中来。

### 四、南桥镇"枢纽型"管理模式的成效

有学者将"枢纽型"管理模式中起到关键作用的"枢纽型"组织建设目标定为理念枢纽、公信力枢纽、执行力枢纽、项目枢纽、网络枢纽等组成的系统枢纽。也有提出"分级吸纳、强化问责、资源引导、价值构建、人才培养"的枢纽型管理模式创新策略。南桥镇通过对"枢纽型"管理平台的创建,对解决信息统一采集、整理、发布、政府购买服务公开招标、团队标准化建设等级评定和党建工作指导等问题进行了探索,初步取得了思想能力引导、资源有力整合、分配高效公平、发展规划标准、信息发布及时、党建工作深入的良好成效,真正让群众文化团队"活"了起来。

**（一）强化管理理念,让团队自己"划桨"**

通过两年多的"枢纽型"管理尝试,最重要的成就就是逐渐调动起了团队自主管理的积极性,让团队的管理理念从"一切听政府"到"主动向着政府制定的目标前进"。2013年有8个团队中标基层整台节目配送和"道德讲堂"单个节目配送项目,4个团队中标社区工作第三方考核项目,4个团队中标市民巡访团项目,这些项目都已经启动,且取得了良好的社会效益。相对于以前的项目分派,这样通过公开招标平台启动的项目明显具有三方面的好处。

首先是政府轻松了,团队积极了。以前政府部门出资购买服务项目,只是购买了其劳动力,项目的实施、联络、协调乃至配套资源支持都以政府为主导,费心费力。如今的通过招标的项目,以团队为主导,实施方案、联络、协调都由团队完成,需要什么样的配套资源支持都由团队决定,然后向团队联合会提出申请,主动权在团队手里。由于项目金额是固定的,为了得到更多的收入,团队负责人就会想方设法节省开支,这样一来,政府的资金在一个可控的范围内,团队配送的成本也降低了。

其次,平台扩大了,能力提升了。由于人力和物力资源的节省,团队联合会就能建设更大的活动平台。过去政府每年启用文化团队进行整场配送需要大量的工作人员和资金支持,所以一年也就四、五场。2013年配送项目招标后,全镇基层每年配送量增加到24场,团队联合会只有一名联络员负责配送地点的安排和衔接工作,其余具体的实施都有团队完成。这其中,团队负责人的组织协调能力都得到了提升,不少团队的负责人都意识

到,一个团队的发展除了提升专业文化技能外,管理水平也要相应提升。2013年,上海首届市民文化节中,南桥镇首次在社区文化活动中心内每周六固定举行有单个团队负责的"文化日"周周演活动,将演出的策划、组织、统筹功能全部下放给团队,让团队的能力有了进一步的提升。

最后,取得演出机会的平台更公开透明了,矛盾减少了。过去因为取得演出机会的渠道不够公开透明,各种猜测、争吵,团队之间存在矛盾,部分演出机会少的团队对政府主管部门也存在不满,如今通过这样的平台让分配演出机会的决策更加科学、透明,通过公开竞标,也让团队多了一个相互学习的机会。

**(二)有力整合资源,不断丰富支撑平台内涵**

文化资源支撑,不仅是物质资源的投入,也是学习培训机会的增加,是人才资源的培养。在物资资源方面,"枢纽型"管理让零散的资源进行整合。政府各个部门每年都要举办许多活动,过去都是各办各的,形式内容重复、资源整合不够。如今,越来越多的部门会通过团队联合会"找菜下锅",也通过联合会平台整合活动,达到省力共赢的效果。政府各部门面向团队的服务性支持,也可以整合起来,统一配置,化零为整、积少成多。

同时,政府对团队的发展扶持力度有了明显的增加,单一的团队政府不再给予补助,但可以通过项目购买招标,为团队联合会注入资金的方式,为团队提供资金支持。另外,综合服务"枢纽"的存在,也让许多社会组织在支持公共文化服务方面找到了突破口,陆续开辟了联合会和军队、企业、学校等单位的联合共建制度,让团队服务社会组织,让社会组织支持团队建设。

在学习培训方面,单一团队的学习培训成本太高,许多团队基本没有培训,这是阻碍团队提升的一个原因。有了"枢纽"组织,通过团队联合会建立定期培训制度,面向所有文化团队,开办文化团队骨干业务培训班,让团队学会自我管理的技巧,提升业务技能水平;开办各类文化技能培训班,让群众在参与文化活动中得到提升。以2013年为例,南桥镇全年先后开办纸艺、书画、合唱、平板电脑、视频制作、幻灯片制作、葫芦丝、主持人、文化创作、戏剧、舞蹈、小记者、山歌剧等公益性市民文化技能培训,长期培训班16个,短期培训班25个,开办专题理论学习3次,文化骨干培训2次,提升团队成员素质,培养人才梯队。

### (三)引入竞争机制,分配高效公平

开辟了展演比赛平台。团队的经费收入来源不再是单一的节目演出,优秀节目的脱颖而出不再靠"熟人社会"的信任。展演比赛平台的建立是向"陌生人社会"进发的又一举措。建立团队创作节目展演比赛制度,首先是以奖代补,增加团队扶持经费;其次是创造展示、交流、学习的平台,通过常态化的赛制推动文化精品的诞生;最后,通过展演选拔节目建立节目信息库,让其他部门在选择节目是有更多选择,也让团队有一个更公平的竞争环境。

南桥镇分别从2009年和2011年开始,针对农村和社区创设了"风华南桥新农村"和"魅力南桥我的家"两大团队展演比赛,从赛制设计上鼓励原创作品、鼓励团队多元化发展,变"送"文化为"种"文化,进一步提升农村、社区文化活动团队的业务水平。2013年11月,镇群众文化活动团队联合会在前几届的基础上进一步完善赛制,又在群众活动团队到农村、社区报到的基础上进一步扩大了参赛范围,通过分级选拔,让所有的文体团队都有了展示自我、参与竞争的机会。经过几年的培育,如今不论在农村还是社区,对文化团队的重视程度明显提升,一是参加的节目质量提高很快;二是原创节目逐年增加;三是文化团队经费投入不断增加;四是年龄结构越来越年轻化、均衡化。

### (四)结合团队评估,分级管理激发活力

建立星级团队评定机制,将团队建设进一步标准化,让团队发展有一个可量化的标准。引入竞争机制。将活动场地、演出机会等资源的分配和星级评定相挂钩,进一步合理分配,通过文化艺术水平、社会公共效益和团队自身建设三个方面的量化指标,进一步为团队的发展划定了方向。

到目前为止,南桥镇共有五星级团队1支,四星级团队12支。在2013年举办的第二届南桥镇文化艺术节开幕式上进行了表彰。通过团队评星制度,团队更乐于为社区服务,更乐于参与公益活动,更有了加强自身团队建设的动力。

# 第五章 新时期下群众文化融入城市与社区治理现代化建设——以昆明市Ａ社区为例

## 第一节 群众文化融入——城市社区治理现代化的路径选择

### 一、行政化管理：城市社区治理的传统路径

#### （一）政府主导——社区行政化管理

作为社会缩影的社区，可看作一个个规模不等的小社会。因此，对社区治理的研究，一定意义上就是基于整个社会的缩影研究。传统意义上，城市社区由政府层面管控，依靠国家行政、法律等强制性力量保持社区正常运行。

作为社区治理的传统行政手段在一定时间里对于社区的良性发展起到了一定促进作用。社区管理行政化，简单来说，就是政府在对社区管理中，过多地运用行政化手段，使整个社区管理组织包括管理模式患上行政色彩。行政手段对于社区的管理作用机理来源于社区的基层行政单位。在相当长一段时间内，我国曾实行刚性"社区行政化管理模式"，政府在按照科层制原则构建的行政组织体系中占据权力垄断地位，以基层性质组织（居民委员会），传达着政府单向度的行政意志与利益诉求，忽视了一些主体的诉求，这些处于相对弱势从属地位的主体本该对于社区的治理起着至关重要的作用。一味地忽视社区居住者（社区自我管理者）的诉求，遵循国家权力运行逻辑，就是传统意义上的行政社区治理。

我国长期以来实行政府主导管理社区，居民委员会作为基层社区管理组织，其主要专门工作人员都由政府选拔。享有政府工资福利待遇。这些工作人员在居民委员会的工作也以行政工作为主。涉及政府下派的一些任务时，同样由社区居委会人员执行。在这种模式下，社区居民在面对居民委员会等社区组织时，认知上也趋近于麻木和索取。他们认为居民委员

会代表的是政府利益,向居民提供服务理所应当。一些居民难以配合居民委员会工作,甚至阻挠。因为居民在参与社区工作中孤立了自我与社区组织的关系。认为社区组织也就是居委会和街道是与居民对立的政府服务组织,而不是代表居民利益的民意组织。

居民的依赖性同样造就了社区的固化管理模式。他们把社区内部事务看作是政府机关需要提供的服务,而不是自我管理。由于一些社区建成较早,原有的自我管理组织土崩瓦解。或是进行了一定变迁,失去了原有活力。再者,居民流动性较大,不定期的选举也达不到应有效果。所以,一直以来就是"固定的政府"在进行社区大小事务的管理。不只是事务行使上行政化,社区空间也逃脱不了行政的掌控,即社区空间行政化。政府在一定的规定组织制度下,向居民提供的活动参政的空间,这里的空间由政府统一规划管理,普通居民没有管理权的。例如在某一社区中,政府机关部门占据了主要的行政社区空间,为居民提供包括了计生、社保、低保、外来人口协管、城管协管、安保等一系列服务,这些服务的工作人员全是由政府机关选用,并且在一定的时间内进行绩效考核。

当然,行政化方式管理社区并不是一无是处。由于我国居民较多,社区情况较复杂,社区内部人员包括住户、商户、物业等,都来自各个不同领域,学识与认知各不相同,倘若完全由居民自治,定会产生混乱。所以从社区形成伊始,其特性就决定了社区治理的特点,以政府行政管理为主,其他管理方式为辅,随着居民生活水平和自我认知的提高。对于社区的管理参与意愿逐步提高。

政府垂直管理与居民自治相互矛盾。改革开放逐步推进后,政府一直在探索新型社区治理模式,为了促进社区自治,提高居民参与度,削减社区治理的行政化程度,我国各地方政府在实践中开展了一些举措。例如开展社区民主选举、实行自治组织"议""行"分离等措施,这一系列的改革举措一定意义上降低了社区行政化水平,但并没有从根本上解决问题。

## (二)行政化管理:社区传统治理路径

现代化城市社区处于这样一种状态:城市色彩斑斓。社区单调无味,走出去激情饱满,回到家封闭孤僻。社区的人们越来越趋近于"个体化"发展,社区由各散落的独立个体组成,与最早强调的社区核心"共同体"相去甚远。学者们称之为"社区衰落"。什么导致了这种"衰落"?快节奏的压力还是越来越冷漠的人心？归根结底，本文认为，除去前两者，社区的治理能力必须考虑其中。法国学者 AliKazancigil 曾说过，"治理的能力主要取决于治理的方式"。社区的重构、复苏，着力点在于治理，治理的何以何能成为其目标和内容。

理想的目标实现需要有效的治理。关键在于治理方式的抉择。就我国社区治理实践中不难看出，"行政化管理"首当其冲，成为主流。当前行政化管理方法成为主流，探索现实根据，"源于社区建设初期无创新情境下的'路径依赖'和'近邻效应'"。自居民委员会建立初期至现代化城市社区建立，整个漫长发展过程中并无具体有效的社区治理方法可行，自然选择依赖上层行政命令和地方政策采取具体行动，这是一种简单地照搬。再者，社区里的"个体"并没有真正达到高素质、高标准的社会主义接班人，社区秩序维护存在困难，行政方法行之有效，当然却之不恭。这种传统方式的策略性和有效性明显不足以支撑起社区重构。

自中华人民共和国成立以来，中国的社区经历了重重演变，其工作职能也发生了数次变化。这股行政之风肇始于居民委员会，其起初实行民间自组织管理，直到单位制建立，增加了社会性。管理方式变为民间经验与行政的结合体，直到受到市场改革的影响，单位制和人民公社逐步解体，单位人转变为社会人，社区主要行使行政权力，办理行政事务，有着浓厚的行政化色彩。由此，社区习惯性采取行政化方式，依靠行政化制度，甚至形成一套固定化程序，政府主体地位突出，其他主体地位被弱化，其内在逻辑遵循着自上而下的意志转移。追求政绩目标，不论社区民众的自主意愿，显然限制了社区的繁荣和发展。可以看出，社区的行政化管理实质是"国家理性支配下的一种社区治理技术工具，政府主要运用合法垄断的国家统治权力实现国家意志与政府欲求之目的。"其运用的权力就是福柯所说的"压制性权力"而不是"正常性权力"。是一种不健康的管理方式，真正的治理讲究的是由上至下、人人自治的协作模式。弥漫着国家理性，缺乏民主性、互动性的强制管理定会失灵。

"国家与社会关系理论表明，社会组织的自治是在与国家互动中建立起来的，它需要有效国家作为必要条件。"作为社区自我管理的社会组织要求国家必须完成为社会提供基本公共物品的职能，为社区提供必要的公共设施，国家的权力范围必须被限制在一定的范围内，国家必须不能够侵入属于社会自治的领域,国家的行为必须是法治化,其行应当按照公开的法律规范,具有可预测性。随之,居民自治才会在一定合理的范围内进行,而不会产生无序或者混乱的境况。很多政府在进行管理模式创新的时候只是简单地割裂"治"与"自治"的关系,比如"居""站"分离、自治组织"议""行"分离及网格化管理等。

制度经济学认为,一种现存的制度和人们的社会行为,都会具有一种类似物理学中的'惯性'。制度模式遵循着历史规律,是一种历史选择。一旦采用某种制度,导入某种信号,这种制度和信号将会以固定的形态存活下来,极难改变。如同行驶中的车辆,即使刹车,也会义无反顾地继续向前,国内各地政府为城市社区的制度改革付出颇多精力,也进行了大胆创新结果却不尽如人意,终难摆脱行政化的束缚。如果把社区纳入一个国家与社会关系的理论框架当中,用宏观的理论视野来解析,不难发现,我国政府在改革中并没有动摇行政化管理之根基。因此,难以探索出新型管理之路。

在现代化进程和社会飞速发展环境下,探索新的社区治理方式,推动社区治理工具更新,成为社区重构的关键性所在。

## 二、文化融入——城市社区治理的现代化路径

### (一)文化治理——国家治理现代化下的社区治理路径选择

托尼·本尼特的文化治理包含将文化视作治理对象和治理工具两方面内容。本书采取"文化工具说"这一观念,试图探讨城市社区文化治理路径。"文化最主要的价值功用就在于它通过一系列文化载体在社会建构一种精神秩序。发挥文化规则引导与道德教化的功能。从而实现一种合理性的状态。""文化是人类社会生活之根本,精气神之凝聚。具有"润物细无声"之功效。以文化治理(文化的工具性)是将文化注入到社会实践中,通过民众认同的价值理念和习惯的生活方式"规训"、引导其行为结果,如沐春风、潜移默化地实现治理目标。

中国的"治理"一词有其本土来源之处,但含义上与西方迥然各异。传统"治理"表达的是单纯的自上而下的集体主义精神下的管理,如政府调控。现代"治理"则加上了社会个体的主观参与部分,体现了个体理性主义精神。"社区"在中国的发展大体上也经历了一段漫长时间,是借来之

物。也就是说，从一定程度上，"社区"与"治理"是在中国视域下对西方词汇的进一步加工、处理产物。在新型社会结构关系治理中，"社区治理"崭露头角，被赋予新视角、新意义。值得关注的是，"社区治理"这一理论要想在城市实践中取得完全成功，社区背后的文化必将成为其坚实后盾与动力。文化的教育、引导功能对人们思维、行为方式起到潜移默化效用，现代城市社区的分崩离析使得文化治理成为社区治理的必经之道。中国文化治理由来已久，古代就已现雏形，《周易·系辞下》中提到的"结绳而治"得以证明。儒家精神和道德伦理体系奠定了当今文化治理的理论基调，延续至今。而今，在中国传统文化基础上又衍生出社会主义先进文化，也作为文化治理的理论源泉之一。中国的"文化治理"最早由何满子提出，意为"抵御庸俗文化、坚持健康趣味"，国家治理现代化条件下的文化治理主要聚焦于两部分。一方面，国家治理现代化主要体现在政治治理、经济治理、社会治理、生态治理和文化治理各领域，形成五位一体体系，共同推进国家现代化进程，文化治理是其中一个子领域，理当重视。另一方面，国家治理又包含政府治理、党群治理、社区治理、市场治理、乡村治理等各个方面，社区治理是其中一个子版块。国家治理能力和体系现代化下的城市社区治理是文化建设和社区治理的相互交融，是社区文化大发展、大繁荣，是一定区域范围内政府、居民、管理者、工作者、社会组织、企业等多主体协商共进的良性互动关系。由此可判断，社区文化治理是国家治理现代化推进的重要一环，必不可少。社区是整个社会、国家的底层基础，其发展好坏与否决定着整个国家之风貌。习近平强调，国家治理体系与治理能力现代化建构需大力培育社会主义核心价值观，社会主义核心价值观的践行必要挖掘文化之功效，民族文化是一个民族的独特标识，社区文化也是如此，用文化治理这种软治理方式取代行政化硬治理方式是国家治理现代化下城市社区治理的最佳路径。文化治理既是以文化本身表达出的规划教育功能为主要目标、内容，也是文化场域在一定条件、范围下与政府、市场、社会等场域的交叉调和，并不是文化的"独角戏"和"专场"。①

"就社会治理而言，在当下日趋个体化的社会内，文化所具有的微观权力机制与思想意识规范性，可以作为治理的有效工具或载体，承担起治理功能。"就社区治理而言，文化的这种微观意识权力同样行之有效。综上

---

① 石兵营. 城市社区治理[M]. 北京：中国社会出版社，2019.

所述,本书所阐释的"文化治理"是国家治理体系与治理能力现代化视域下的重要组成内容,旨在通过文化这座桥梁,将所属阶级价值体系、意识形态以化雨春风、潜移默化之法内化于民众间,以求达到治理效果,讲究发挥文化的规训、引导功能,成为城市社区治理现代化当仁不让的选择。

**(二)规训与认同:社区治理的个体微观技术**

党的多次会议中都提出"文化自信""文化强国"等论述,明确了文化的指导地位。由此可见,政府已经深刻认识到文化所具有的价值引领、道德教育、行为规训、权利保障与促进发展等功能,文化具有阶级性和建构性,文化阶级性体现在特定时期具有该时期统治阶级的意识形态色彩,他们希望通过渗透的方式大到民众思想内部,取得"文化领导权",二者(统治阶级、民众)文化并不冲突,意在消除隔阂,这种方式远比暴力镇压强制权力领导来得温和,也更有效。文化建构性则体现在文化与权力的关系之中,"权力制造知识,权力和知识是直接相互连带的,不相应地建构一种知识领域就不可能有权力关系。"

权力主体可利用这种关系进行建构,文化的建构是历史的,是通过精美包装、修饰下的不同阶层之间关系不平等的合法化,这种建构的主体,出发点、落脚点都是人,人的根本利益、人的文化认同贯穿始终。管理者通过文化场域规训和教育民众,传达出集体意识形态和价值理念:居民则表述自己的文化、政治、社会等权利诉求。社区是国家与社会的最小构成单元,处于权力末梢,只有将这些单元都看护、发展好。国家才能更上一层楼。胡惠林先生早期提出"国家需要治理"同理。社区也需要治理。本书认为,规训与认同为社区探索出新的治理范式。

身体规训是社区治理的外在表征。从直观层面来看,个人由肉体和精神组成。社区文化治理应关注两个内容,一是身体上的规训,二是精神上的认同。凝聚于身体内的思想感悟是文化。身体则是意识形态与思维方式的附着肉体形式,是一种不为意志转移的自然物质存在看得见、摸得着、能对其规划训练。依靠权力的实施,福柯在《规训与惩罚》一书中说明了身体是可以被权力所规训的"玩具",通过一系列措施。人体可被塑造成理想模样,书中有这样的实验,将一有罪之人关在四面透明的耸立式建筑,撤掉所有看管的狱警,建筑四周是铜墙铁壁。一段时间后进行观察,发现竟无一人逃离。这充分表明了采取的监控方式决定其管控效果,这就是规训。现代监控较之无疑起到异曲同工之妙。运用到社区中,规训既是一种隐形的文化约束力,也是一种显性行政权力下的归责与调控。社区形成伊始便有了其生存根本:物质基础条件和意识文化观念。简单来说,他们有一套隐性、非正式的行之有效的共同理念约束着彼此的行为,是一种"用需求而不是反复灌输规范"的方式。遇到熟人时的热切问候,过年过节要走访拜亲,小孩到了法定年龄要步入学堂,老人应受到孝敬,端午吃粽子,元宵猜灯谜等这些都是约定成俗的共同生活方式,已成为常识性的存在,规训着社区个体。除此,社区的行政权力也参与着管控,随处可见的宣传标语,定期的文件学习,法律条例,社区管理条款等。都是行政权力的显性表现。对身体的规训更直接、有效。

居民的文化认同是一切社区管理行动的理念基础。人类自诞生以来便过着群体生活,共同体生活下的集体主义精神备受推崇。认同由"identity"一词汉译而来,原译为身份、统一、特征,强调的是一种身份认同与价值观念、特征属性的一致。引用到社区中就是个体行为思想与社区整体趋近一致,自觉靠拢。

是自我意识的整体性转变。当然,这里面肯定还保持着每一个个体的特殊性,因为他们自出生以来定形成了独有的价值观、人生观,不止受社区环境影响,还与个体的原生家庭、社会经验等密切相关。城市社区的文化治理是一个强调社区认同的悄然过程,少了社区文化的堆砌、滋养,社区就形同空房,居民如同无根之木、无水之源。社区治理中的文化认同实质上是社区个体"身份"融入共同体的构建过程。马斯诺的需要层次理论显示,温饱、安全需求只在底层而情感归属与价值实现在上层,不论从个体纵向发展还是社会总体横向发展来看,人的需求都呈上升状态,现时代背景下的人们正是情感价值认同的高峰期。

在此基础上形成的文化认同具有强效的向心力,社区个体行为会不由自主向群体靠拢,以填补内心空虚,慰藉心灵。生活的压力无时无刻不在提醒着单个体迅速向前,生理、心理承受着前所未有的刺激,亟待拥有群体的关爱,找寻群体归属感、方向感,建立社区共同体,回归社群生活。强化身份认同,增进社区和谐。

# 第二节 实践行动——A社区群众文化融入的探索与实践

## 一、A社区文化治理的内容建构

### (一)社区公共文化服务概况

"正是通过现代文明的不断进步,那些以前只有富人才能享受到的,现在越来越多地被置于全体人民的公共财产范围之内,被属于民众的所有人占有。"公共文化服务的发展源头可据此得到启发,随着经济和社会的不断发展,文化价值观念不断普及,公共文化服务逐步深入基层群众。所谓公共文化服务,即免费的面向全社会的文化产品和服务的提供,保障的是所有公民的文化权利。"公共"二字体现出非排他性和非利益性,一般由政府直接提供。前面探讨过,现阶段社区治理模式主要倾向于政府主导,采取行政管理方式。因此,作为社区文化主要表现形式的社区公共文化服务也披着行政外衣,意识形态往往以文化的形式出现,由各地方文化部门通过文化治理实现传输,社区文化治理的内在逻辑就在于此。这也决定了政府在社区文化治理中具有绝对的文化领导权。公共文化服务的出现证明政府已找到意识形态传输的具体实践方式,成为国家治理社区的有力工具。如若一味、单向地向公民冠以上层核心价值观,作用必定甚微,无人会接受强加在自己身上的思想或物质。A社区公共文化服务具有典型的政府主导性质,以一种光鲜亮丽、新颖奇特、引人入胜的方式出现在人们面前,吸引着大众参与、享受,自然而然地接受其中所传达的思想意识,习惯之,用之。

A社区被列为昆明市五华区重点建设项目,始终坚持发挥党支部的核心领导作用,以"一个平台、四个载体、八项服务"的"148"工作法为抓手,构建一个发展目标,一个工作服务理念,一个网格化管理的"1+1+1社区综合服务平台"模式。以红云社区服务微信公众平台作为基点,整合辖区各类资源,引导居民积极参与"创意美丽社区和谐家园,零距离工程愉悦你和我"服务项目建设。

丰富社区居民精神文化生活,倡导老百姓积极组织参与各种文化、体育活动,办好老百姓自己的文化之家,调动群众的文化爱好和文化积极性,有利于促进社会和社区和谐,更好地普及和发扬科学、健康的社区文化。

**(二)社区图书室**

社区公共文化服务建构是社区文化治理的重要内容,而图书室是最基本、最直接的表现形式。书本承载着丰硕的前人知识结晶,范围广,内容丰富,既涉及不同领域的理论奥义和概念解析,还涵括了当代价值观念和时政热点。A社区设有专门的文化图书室,坐落于文化服务中心二楼,占地约100平方米,整个图书室采取开放式与封闭式两种风格结合的方式布局,明亮舒适,氛围浓厚。

走进图书室,首先映入眼帘的是一排排整齐的书架,围绕着一张长桌,可供居民阅读和交流。这块区域采取开放式布局,书籍种类标记清晰,一目了然。书架上的书分为科技类、生活类、文学类、医药类、法律类、工具类、音像类和其他类,图书总计2300余册,报纸杂志12种。书架两边是近期新闻日报和杂志摆放栏,种类丰富,包括《人民日报》《云南日报》《昆明日报》《都市时报》《春城日报》《生活新报》《文摘周刊》《奥秘》《大家》《党建研究》等,报纸每日更新,杂志根据不同时间段换送。令人惊喜的是其中一个封锁的展柜,里面陈列着老一辈的"记忆",有小人书、字典、袖章、语录等老物件,颇有历史代入感。图书室里还设有一个办公室,供图书管理员办公和休息;一个电子阅览室,利用互联网,供居民快速检索和搜集信息。一个儿童阅览室,摆放各种儿童画本、漫画书、童话故事书和儿童工具书,装修风格温馨可爱;一个青少年阅览室,藏有各类学习资料、字典等工具书以及百科全书;一个儿童活动室,这是供父母和儿童学习互动的场所,包括一些小书桌和玩具。A社区不仅注重图书室的建设,还进行了简单的分级,有利于不同年龄结构的居民获取知识。为了方便管理,A社区还有针对性地建立了不同的规章制度,包括社区图书室服务管理制度、图书室固定资产使用管理规定、图书室日常工作管理制度、文化志愿服务管理制度、图书室安全管理工作制度和居民意见反馈处理管理制度。图书室配备有专门的文化专干和图书管理员,责任落实到人,做好日常管理和服务工作。

### （三）社区摄影展

社区文化治理根植于各类社区活动,在公共文化活动的潜移默化中对社区居民进行规范。作为社区文化活动重头戏的摄影展在A社区被广泛应用举办。摄影是一个利用某些专有机器和设备记录现实生活或特定风光的艺术行为,具有记忆性和写实性特征。A社区以多种主题举办摄影展,号召居民广泛参与,唤醒社区共同记忆,建立集体归属感,塑造社区共同体。摄影活动举办一般在社区内部,参与的人员大都为社区居民,摄影器材也参差不齐,一部分来源于居民自带,另一部分是由社区统一提供,社区设备进行编号,参赛人员租借设备必须登记,确保设备的完整性和可持续性。活动举办前,工作人员在社区服务群和布告栏等平台展示具体活动内容和奖励,让社区居民了解活动主题以及摄影作品要求,并吸引居民积极、主动参与。

A社区摄影展每年都会举办,充分结合当年时事,发人深省,其中三个可视为典型。一是在中华人民共和国成立七十周年纪念日举办了"建国七十周年,幸福生活"主题摄影作品展。以"70年光辉岁月,近照千般秀"为宣传标语向社区全体居民征集展现祖国新貌、幸福生活的摄影作品。活动既契合当前时代主流,又彰显出祖国母亲的风采,增强了居民对祖国的认识,提升了他们的爱国主义精神。二是以"大美社区,幸福家园"为主题,征集体现社区近期变化,反映社区发展的新面貌、新成就,突出社区景色秀美、人文和美、生态优美等相关的摄影作品。该活动不仅锻炼了社区居民对美的发现能力,还提升了他们的主人翁意识,促进其积极主动地参与到社区公共文化服务建设中来。三是以"社区是我家,文明你我他"为主题,征集抓拍社区不文明行为为主要内容的摄影作品,取得了良好的反响。这次活动促使A社区居民下意识将垃圾放入指定区域,并主动分类,宣传维护了社区卫生环境,提高了社区居民文明意识。[1]

这些摄影展活动本着"加强社区居民文化建设,提升社区居民艺术修养"的宗旨,充分锻炼了社区文化服务人员的组织策划能力和人际交往能力,让其在活动组织中不断深化服务意识,提高组织协调能力,切实为社区居民文化建设添砖加瓦,在实践中勇于创新。再者摄影展现了每一位社区居民的才华,让居民在认知中提升自己,提升整体的艺术欣赏能力。摄

①刘娴静. 当代中国城市社区治理[M]. 北京:知识产权出版社,2019.

影展间接地把一些社会主义先进文化观念融入其中。A社区的居民在各类主题摄影展中不断提高艺术修养,丰富了业余文化生活,也让居民在活动中加深彼此的了解。整个社区的文化氛围提高了,社区自然就和谐了。

**(四)社区综合艺术团**

艺术团提供各式各样的艺术表演,如合唱、京戏、舞蹈等,基于一系列训练经验,不仅活跃于社区内部,还代表社区甚至街道参加比赛,取得较高成绩。较于兴趣小组而言,艺术团的专业水准更高,内容更吸人眼球。A社区的独立艺术团发展历史较长,逐步踏上正轨,成为社区文化大发展大繁荣舞台上的倾情表演者。

A社区远不止上述图书馆、摄影展和综合艺术团等具有代表性的公共文化服务内容,各兴趣小组也发起了各种各样的活动,如健身、爬山、读书等。他们基于组内共同兴趣爱好,凭借组织的号召力和活动内容吸引参与者,一般仅限于社区内部。A社区内各个兴趣小组争奇斗艳,百花齐放,存在于社区各个角落,活跃于每个节日。丰富多彩的文化艺术活动使得居民思想境界提高,文化素质增强,其内涵的科学文明精神帮助群众塑造正确的三观。茶花艺术队开展"矢志志愿服务·共创文明城市"活动;歌舞兴趣小组开展"欢庆我们的节日——端午节"文艺演出活动;书画兴趣小组开展"快乐暑期书画展"活动;健身兴趣小组开展"公园健步活动"活动。此外,街道主导,社区承办,居民参与的公共文化活动也是社区文化治理重要内容。"写春联—猜灯谜"春节游园会值得一提。此次活动选址在社区广场,内容多彩,形式丰富,以"猜灯谜"和"写春联"为主,"平衡端乒乓球""投篮"和"踢毽子"等合作团建活动为辅,旨在营造春节氛围,重温优秀传统文化。现场人声鼎沸,个个脸上洋溢着幸福笑容,喜气洋洋,红红火火,拉近了工作人员与居民的距离,增强了社区凝聚力和归属感,促进了社区共同体建构。

**二、A社区文化治理的实践特点**

**(一)行政色彩贯穿文化实践**

A社区历史可追溯到1999年,原属市政府小区,出租户占据25%。后来市政府为方便社区管理,将多个小区、别墅区整合为一个社区,人口庞大、区域广,红色物业建设是特点。显然,政党领导色彩贯穿于社区整个发展历史,行政权力占取主要领导地位。A社区呈现文化服务中心、社会文化组织、入驻文化机构三足鼎立格局。文化服务中心隶属于社区政府机构,主要职能除为社区居民提供基本的文化咨询与产品服务外,还要综合文化组织和文化机构资源,促进文化资源最优化利用。A社区基层管理者根据街道办事处下达的文件政策,理清方向,制定方案,文化专干撰写文案策划,协同其他社区工作者,共同推进文化活动实施。

### (二)大型交响乐团奠定文化基调

A社区文化治理效应得以体现,很大程度上依赖于昆明本土交响乐团——聂耳交响乐团的入驻,成为区别于其他社区发展的显著文化标志。聂耳交响乐团成立于2010年10月——聂耳100周年诞辰纪念日,在国内颇有名气,是昆明市交响乐团之龙头,隶属国家,由财政拨款支持。聂耳交响乐团是国内唯一一支以"聂耳"命名的独立乐团,有自己的运行模式与专门网站,是国家公益性事业单位。聂耳,云南玉溪人,出生于昆明,国内著名民族音乐家,是《义勇军进行曲》作曲者,曾任联华影业音乐部主任,组织了"中国新兴音乐研究会",聂耳交响乐团以"聂耳"冠名,名气可见一斑。聂耳交响乐团在云南省政府和昆明市政府部门的扶持下,坚持抓质量、杨民族文化精神,邀请国外知名指挥家,展示乐器珍品,每年演艺作品过百,场场精品,剧院场内更是气势宏伟,引人入迷,获得巨大反响。

聂耳交响乐团长年驻扎在云南省歌舞剧院和昆明市民族歌舞剧院,本身由两者剧院乐团合成,昆明市民族歌舞剧院在地理上隶属于A社区,因此,A社区在乐团资源获取方面具有先天性优势。"每次只要我们社区有需求,他们有时间都会无条件帮助我们出节目,提升活动吸引力,经过商量、洽谈,最终敲定时间、地点、主题。"社区工作者王女士在访谈中提到,"马上聂耳交响乐团将会在社区管辖内的公园进行展演,一共十一个曲目,现场约有200名~300名观众,我们会提前布置好会场,准备好凳子,到时你也可以参加,感受一下我们社区的文化氛围。"由此可知,昆明聂耳交响乐团着实为A社区文化生活添上精彩的一笔,注入专业血液力量,为社区奠定了夯实的文化基调与艺术气息。

### (三)小众社会组织助力文化繁荣

社区社会文化组织指的是那些由个体或团体为满足社区居民文化需

求,推进社区文化活动建设,自发形成的组织,具有组织性、志愿性、灵活性、小规模性的特征。社区社会文化组织的出现既弥补了政府、居民等主体在文化实践上的缺失,也填上了市场经济产业化的漏缺,活跃于各个社区。承担部分政府职能,创造性提供文化服务,满足居民的文化多彩性需求。社区社会文化组织提供的服务涵盖较广,已逐渐深入到社区福利、社区教育、社区文化活动、社区科技等方面,充分调动群众积极性。发挥资源配置优势,吸纳居民就业,满足日益增长的居民文化需求。社区社会文化组织具有民主调节性。他们作为文化纽带,身系民众之权益,深谙民众之意愿,可参与社区管理实务决策。当社区居民决策与管理之间出现文化分歧,可采取更为和谐的方式与管理层沟通、协调,直至和平解决。免去许多麻烦,节约资源,他们还对社区管理层起到一定监督作用,制约着政府行为,单人的力量远不及有组织、有文化的团体。当居民文化权益受到侵害时,他们可代表居民申请行政复议和上诉。因此,社区社会文化组织不仅代表着社区居民的文化诉求,还诠释着他们的文化权益,在管理层与居民之间架构一座桥梁保证文化道路畅通,营建民主文化氛围。

聂耳交响乐团的加盟虽增强了专业性和高端性,A社区文化实践丰富还得力于社区小型文化组织的建立。这些社区小型文化组织主要包括业余兴趣组和综合艺术团,不仅自己在业余时间唱唱歌、跳跳舞、弹弹琴,丰富社区业余文化生活,还代表社区"走出去"表演,宣传社区文化,提升社区形象。"你看,这些是我们这些年取得的成就,获得不少金奖。"黄老师带我参观艺术团取得的成就,满脸自豪,"有时候政府说的话还不一定有我们说的话管用呢。"从话语中可以看出,艺术团不仅给社区带来了不少文化成就,做出大量贡献,还充当社区与居民行动的中介,起着不可估量的调和作用。A社区不止有一个类似于前文提到的艺术团,几乎涉及管辖范围内每一个小区,带领着团队人员发挥特长,践行文化。不光自己的兴趣爱好得以发展,社区内其他人员也受其艺术熏陶,队伍逐渐壮大,水平逐步提高。这类独立组织所处的领域不同于政府和市场,共网构成社区三元社会结构,共同推进社区治理现代化和可持续发展,具有公益性、群众性与志愿性。

此外,该类文化组织有固定排练时间,定期在社区文化活动室表演(其他居民可参观),当社区组织大型文艺表演活动时也积极主动参与。志愿者服务组织也活跃于A社区,主要由社区内高校组织,学生参与,定期提供清洁卫生、关爱老人、知识讲座等服务,进一步提升社区文化氛围,美化社区环境。A社区的文化组织与社区管理层、居民密切联系却不依赖于政府,财政上依靠内部会费、表演奖励和社会捐赠,有利于社区和谐稳定。

## 第三节 治理分析——A社区群众文化融入的效应与问题

### 一、文化治理——A社区文化融入的治理效应

由表5-1和表5-2的数据可分析出,A社区居民对其提供的社区服务满意度达85.14%,他们对文化活动同样持赞同态度,认为效果好的居民比例为80.19%,两者均为80%以上。可见,A社区在公共文化建设上较为成功,文化融入社区治理取得初步成效。

表5-1 A社区居民对社区服务的态度

| 选项 | 小计 | 比例 |
|---|---|---|
| A.很满意 | 111 | 36.63% |
| B.满意 | 147 | 48.51% |
| C.不满意 | 27 | 8.91% |
| D.没有社区服务 | 18 | 5.94% |
| 本题有效填写人次 | 303 | |

表5-2 A社区居民对文化活动的态度

| 选项 | 小计 | 比例 |
|---|---|---|
| A.非常好 | 105 | 34.65% |
| B.好 | 138 | 45.54% |
| C.较差 | 27 | 8.91% |
| D.说不清 | 33 | 10.89% |
| 本题有效填写人次 | 303 | |

为进一步探索文化融入A社区治理中的作用,笔者又选取与A社区全然不同的B社区进行调查,现代化城市社区与城中村社区碰撞。文化治理效果相去甚远,A社区是典型的现代化社区,其环境舒适、资源丰富、阵地设施完善。文化活动多样,谈笑风生、互帮互助处处可见。打入内部做研

究相对容易;B社区环境简陋、资源缺乏,文化活动简单乏味,随时面临拆迁风险,挂在人们脸上的是为生计奔波的愁容和漠然,极难深入内部观察。经调查结果显示,A社区虽历史过程较短,但居民不论在经济、文化或是政治思想等方面都强于B社区其根本缘由在于文化融入对城市社区起到关键治理性作用,提高了社区文明,培育了公共意识,强化了社区认同,构建了社区共同体。

**(一)培育审美意识,提升社区文明**

文化产品与服务在差异化、利益阶层化的个体化时代能建构出理解、沟通的同一性公共生活,而"公共生活的建造可以为构建富有生机的、互相支持的和赋予包容性的公民性社会带来愿景"。因此,文化生产性活动促进公民性社会建构与发展,进而实现公民间的互帮互助、互情互愿,培养公共意识和身份。

A社区管理层正是通过架构公共文化空间,填充了意识价值体系内容,通过一种"审美智性文化的形式、技术和规则的社会体系实现广大人口思想行为的转变",培育文化审美意识推进社区文明建设。公共文化空间的架构具体体现在公共文化服务提供,基础安保设施建设和志愿服务等方面。

社区保安邓某在访谈中谈到,"自从社区入驻以后,小区环境改善很大,邻里关系也更加和睦了。居民都赞不绝口,因为他们提供了很好的服务。"社区内部几乎不见垃圾,环境优美,有树有草,有花有水,随处可见人们坐于园中长廊闲谈唠嗑,看书赏景,何不优哉。环境改善还得益于各高校组织的志愿者服务,他们定期在社区捡垃圾、陪老人聊天、召开知识讲座,开拓了居民的视野,提高了群众的文明意识。社区不止在卫生环境方面做得好,安保工作也得到保障,为居民幸福文化生活提供牢实后盾。"以前社区里偶尔还有偷盗现象出现,近两年根本一例都没有,我们将门禁系统升级了,每天加强巡逻,并且挨家挨户进行回访,询问是否有意见,反馈很好。"邓某还说道:"只有居民安全需要得到满足,居民生活才会有序开展,才会关注精神层面的需求,才得以生产、消费文化产品和服务。"

### (二)重构精神价值体系,强化社区文化认同

文化产品与服务在差异化、利益阶层化的个体正如马克思所言,"人的本质不是单个人所固有的抽象物,在其现实性上,它是一种社会关系的总和。因此,人是社会人,不可能脱离生活而独居,会在意集体中他者的看法,考虑他者利益,关注他者情绪,不会成为剥离社会的纯粹个体,即使一段时期内如此,最终还会回到群体,寻找归属感与安全感,作为文化载体的艺术作品或风俗仪式传承等方式可以化雨春风地操控被统治阶级的思想,进而形成普世价值和行为规范。这是安东尼奥葛兰西对文化霸权统治进行的嘲讽和批判,但从中仍然可以看出文化无限的"引导"权力功能。行政权力下的意识形态灌输是硬来,收效甚微。A社区本着文化服务于民原则,努力寻求文化创新运用文化强有力的嵌入性,融入社会主义核心价值观,重塑价值体系,强化社区认同。人们在日常生活中对社会做出的反应并不是一蹴而就,直接形成,而是经历过认同的取舍。他们做出的任何决定一般都经过深思熟虑,心里隐藏着一杆天平,衡量何者为先,何者为后。这种决定存于特定社会关系,并且可能是下意识的,可以用身份认同进行解释。包括自我认同和社会认同,只有对自身建立起信心才能在自我认同(我能做)的基础上构建社会认同(我要做)。在社区实践中,人们在肯定自己能力的基础上为社区做贡献,继而提供公共文化服务。

"相当'个人的'记忆。事实上还是一种集体的社会行为。""人是复杂的人社会是复杂的社会,处于社会下的个人,本身就是各个场域下利益、情感、选择等多种元素的混合物。"记忆"则是这种混合物的精神领域,横跨过去、现在和将来,积累了大量素材和经验,影响着人们的判断和生活态度。这种素材和经验共享于一个集体,成为人们的集体记忆,制约、推动集体行为方式和生活习惯,即集体行动的逻辑所在,任何个体的记忆不能存活于集体记忆之外。

记忆遵循着历史逻辑,也就是说,人们的记忆会随着情最重现而被唤醒,并与现实场景冲击,解构再重构,"在一个与过去的事件和事物有因果联系的脉络中体验现在的世界"。因此,集体记忆并不是对过去的简单合计,而是继承发展的动态过程。居民(尤其是中老年人)在各种节庆仪式、民俗歌舞表演中找寻着过去的集体记忆,在文化活动中心等公共空间中感

受着往昔精神岁月,成为其逻辑抉择。

社区文化活动中心再现集体记忆,因为它是社会交往的公共文化空间。在这里,居民彼此畅所欲言,或是夸赞哪家孩子孝敬长辈,或是讨论街道那家餐馆美味,或是批判社区服务现存问题。不断凝结共同意识,趋向集体记忆建构,社区传统节庆活动开展激发社区居民的集体情感。因为它是成员曾经生活场景的再现,在狂欢与典礼中循着共同的礼仪,唱着同样的歌,干着统一的事,不断强化家园归属感和认同感。社区文化艺术展演增进社区成员交往行为,因为它是成员密切交往的重要形式,建立彼此信任度,抒发心中的是非曲直,匡正集体规范,弘扬核心价值观,培养文化素养和良好品德。

## 二、阻碍分析——A社区文化治理中的问题探索

### (一)社区文化治理中的公共文化服务单一化

一位居民在采访中说道:"业余的活动每年不变,顶多换首歌曲,但动作仍然保持一样。"A社区每年的文化实践活动丰富,取得的成果也是有目共睹,但长此以往形成的单一化现象也不容小觑,问卷意见收集结果显示,有近于10%的社区居民都认为社区文化活动形式单一,参与激情不似从前,应加强公共活动形式的多样化建设。A社区公共文化活动不是讲座、游园,就是唱歌、跳舞的文艺表演,出现年复一年的同质化现象,难以吸引各个年龄结构的人群,尤其缺少针对青少年人群的高质活动,活动社区文化治理能否取得最终成功,构建社区共同体,依赖于社区居民的深度参与。而公共文化服务的内容与形式的吸引力影响着该社区居民参与的意愿和行为。深入剖析,专业人才的发展很大程度上决定了公共文化服务的质量,犹如一部发动机,不断为其输入原动力。人才缺乏,即使存在丰富深厚的文化资源,也无法推出文化精品,满足居民的多样化文化需求。[①]

调查发现,A社区现有社区图书室、党群活动室、未成年人活动室、幼儿园、综合服务平台、培训机构等文化场所较为丰富。但专业类人才屈指可数。无论是居民委员会工作者、志愿服务者,还是文化组织管理者,几

---

① 刘晓丽. 中国城市社区治理的微循环 社区公民的生成机制研究[M]. 北京:中央编译出版社,2018.

乎无相关学习经历,仅凭上级政策文件和先驱者留下的经验,但因内总体都处于前期探索阶段,可借鉴经验寥寥无几。并且并非适合本社区发展特点,社区内文化相关工作者无从下手。另一方面,社区专职工作人员欠缺,职能分工不明确,存在"一人两职"和管理者、服务者重合现象。定位不明确,行政化色彩较浓。与此同时,相关工作人员工资待遇水平低,据采访中图书管理员倪某陈述:"工资虽然不高,但也挺有意义,能学到很多东西,工作中欢乐挺多,也促使我越来越积极。"目前来看相对稳定,但如若长期输出与获得不成正比,势必降低其工作激情,降低工作质量,难以留住人才。

A社区专业人才缺乏,公共文化活动形式单一。探寻社区公共文化服务的多元化发展之道成为其亟待解决的问题。

### (二)社区文化治理中的文化品牌缺位

品牌是一个地区或商品的符号化象征,是可转化为巨大财富的无形资产,浓缩着这个地区或商品的核心价值理念。社区品牌建立有助于树立社区整体形象,确立精神象征,提高社区辨识度。品牌构造往往离不开文化。缺少文化内涵的品牌犹如丧失灵魂,文化是核心主体。构建品牌实质上就是建立文化品牌。

社区文化品牌充当收容所和黏合剂,聚合社区各类文化现象。解构,再重构,形成新文化产物,塑造社区居民共同体,促进内部社区身份认同和外部认同社区。A社区目前尚未建构起成熟的文化品牌,文化影响力有待进一步提升,社区文化品牌的构造依赖于社区公共文化服务和文化产业建设,其关键在于文化内容是否充实,质量是否过关,针对性是否拿捏准确。

经调查,A社区以公益性文化服务为主,每年举办的活动基本上全免费提供,观众无门槛,长久以往,提供者激情消磨殆尽,易产生懒惰心理,满足感降低,进而导致内容质量下滑和同质化活动现象。再者,A社区目前只引进了许多周边商户,主要集中于餐饮和农贸两大类,还包括些许舞蹈、钢琴等艺术培训班,地理位置较分散,没有形成聚合效应。作为社区文化品牌发展的主要内容之一,社区文化产业缺位,市场经济无法介入,文化联动力不足,新鲜血液匮乏。

社区文化治理可持续发展受阻碍,文化产业领域相对于公共文化服务存在,意为将文化内涵转化为特定商品或服务,获取经济收入的活动过程,具有排他性和利益性。一般由市场经济提供,社区文化产业作为其发展的最小层面,承载着助推作用。社区文化的产业化不仅能为社区创造财富,共享于社区居民,还能反哺文化繁荣,形成取之不竭的动力,是促进社区经济发展、团结和谐的捷径。社区文化产业作为社区发展的战略力量,在社区文化治理领域占有重要地位,应促进社区文化产业快速发展,提升社区文化治理的质量及效率。

**(三)社区文化治理中的居民参与性弱**

A社区居民参与类型大致可分为四种:自娱自乐型、发挥余热型、被迫参与型和即兴参与型。自娱自乐型居民主要表现在文化活动的自组织、自参与上。他们比较随性、主动、自愿参与文化实践,不需要动员,甚至带动周围人与之一起,"畅想"文化场域;被迫参与型居民与之全然不同,除非政府权力强制要求,否则绝不主动参与其中,提不起兴趣;发挥余热型处于两者中间,总体呈积极热情状态,但极易受其他利益或自尊心影响,多居"半官方"身份。可能在居民委员会承担一定职务,是其他居民与基层政府联系的桥梁,而即兴参与型居民特征明显,他们没有特定参与模式,只随心而动,或是撞见了就参加或是无聊下的驱使,具有偶然性。前三者是主要构成类型,即兴参与型是基础,可转化为任意前者,捉摸不定,变化性强。但不论哪种类型居民,其行动策略背后隐藏着复杂逻辑,交织着各方面动因。

**(四)社区文化治理中的主体缺位**

前文提到,A社区管理事务权力主要集中于政府,形成以社区联合党委共筑、共建的区域化党建格局,具有政府为主,其他主体为辅的鲜明特征。行政管理下的社区治理集中于行政命令、政策的执行与命令,采取硬性处理方式,举办的活动党政色彩较浓,居民被迫参与文化建设,认可度并不高,容易导致"政府失灵"现象。在采取行动时,体现的是基层管理者单方面决策,居民、文化组织只负责参与,主体角色缺位,违背民主原则和多样性原则,降低其他主体自我存在感,进而产生活动低质量性和低参与性,政府几乎集最多、最有利资源和最高权力于一身,使用效率却不成正比,造成资源的浪费和社区文化治理效应低下,亟待改革。

## 第四节 发展完善——A社区群众文化治理的提升空间

就现实意义而言,社区文化治理是社区治理与文化融入的整合创新。放眼国内,经验尚且单薄,其探索道路任重道远。社区组织要想运行通畅,底层架构和内容建设尤其重要。底层架构如同人体组织的毛细血管,将营养和氧气(内容建设)输送到每个细胞,形成心血管网络组织,维持人体生命。社区应推进社区公共文化服务多元化发展,打造社区文化品牌,坚持以居民为中心,推进主体协同运作,以最优化配置方式和高质量文化内容投入到社区治理建设,促进社区和谐稳定、祥和互助,进一步提升社区文化治理效应,实现社区文化之善治。

### 一、公共文化服务多元化发展——社区文化治理前提

社区文化治理是基于社区各类资源的文化、政治、经济场域的激烈碰撞最终达到一个稳定平衡状态,关注的是文化的工具治理性、资源的基础性和政治的保障性,专业人才是其动力源泉,推动社区公共文化服务的多元化发展。

能进一步丰富社区文化治理内容,促进社区文化共同体塑造。"公共文化服务的实质就是公共性建构""是社区文化治理的重要内容和形式。在社区衰落现象日渐明显的情况下,公共文化服务持续发挥凝聚公共精神的功能性,"抵御了个人主义时代下的一些消极因素",为互助型、包容型社区构建带来愿景。①

### 二、文化品牌建构——社区文化治理重点

如刘铎所言,当今"社区几乎都不是一个自给自足的整体性社区,而仅仅是满足原始居民部分需要的局部性社区"。与最初意义上的社区相去甚远。共同体社会的重构,重现社区共同记忆是关键,公共文化活动的开展是重要途径之一。A社区日前已启动"文化惠民、零距离"工程初有成效。但是否能成为社区文化治理过程中的点睛之笔还有待商榷。

①黄玉凤.文化融入与城市社区治理现代化建构——以昆明市A社区的文化实践为例[D].昆明:云南财经大学,2020.

社区文化品牌实质是"基于社区区位要素特征、经济社会特性、历史传统特点形成的具有聚集效应、规模效应和辐射效应的文化品牌"。文化内容是构建文化品牌的核心。成熟的社区文化品牌不仅能反哺社区文化内容建设，还能扩大社区文化影响力，提升社区文化软实力，增强社区文化治理效应。

### 三、居民主动参与——社区文化治理关键

当前，社区公共文化实践中明显存在居民若参与问题，由多方因素交汇而成。正如颜玉凡所言，"公共文化服务实践中居民弱参与问题实质上是外在的结构性力量这一宏观机制与个体行动的内在特质这一微观主体机制相互复杂作用的产物"。前文阐述了社区居民参与公共文化活动的四种类型，各有特点。却又都在认同选择中存在"离散性"。他们参与社区文化实践活动的目的和持续性受提供服务的"不走心"、基层政府态度、强制性分配和文化活动质量等因素影响。这要求基层政府在提供公共文化服务、创建文化活动时，应更加关注居民的主观能动性，而不是政治权与利的"一枝独秀"。在公共文化建设体系中，政府应转变职能，从文化事务包办转向合作、监督、政企分开、管办分离，承担起为社区提供公共文化服务，提升文化实践质量，促进社区和谐的职责，重视基层社区文化建设，财政上大力扶持，权力上适度下放。社区作为基层管理部门，在政策上积极响应，认真解读。根据已有资源和社区特色灵活转化，提供符合民意的公共文化服务。除此，基层文化管理部门还应在做好本职工作的前提下，积极创新，架构起上级政府与居民、文化组织的沟通大桥，及时传递、处理，建立群众服务平台和激励机制，增加点赞、点缀行为，催化社区文化实践网络通畅、完善。

实践调查结果显示，不论是基于寻找志同道合的盟友，还是基于人际交往需求，亦或是基于自身价值实现和道德准则约束，居民做出选择的背后都存有人情因素的影子，在社区治理中发挥着关键作用。中国是个人情社会，人情在各种事物运行环节中必不可少，社区文化治理过程无外乎如此，逃不过"人情定律"。基层政府在文化制度建设中应加入人情元素，探索制度与人情结合的柔性体系设计，激发人情在文化实践活动中的正能量，促进核心价值体系完善。

　　"理性经济人"假说可成为解释居民参与公共文化服务活动的逻辑基础，人们做出的任何决定都与其自身利益相关，人们在社会活动中所获得的精神满足感、成就感是推动居民行为的内在动因。个人在艺术表演中展现的天赋，在组建团队中表现的能力使得他们在人前倍有"面子"精神上受到极大鼓舞与刺激，将会推动其现有行为持续发生，并且逐渐超越。前面提及的黄老师可作为典型个案，综合艺术团不但丰富了休闲文化生活，还获得居民、基层政府的连连夸赞，使他信心倍增，不断改善、创新，将艺术团发扬光大。社区基层政府转变思维，建立适当激励机制，以人为本，方成文化治理之事。既然无论哪种类型居民参与社区公共文化实践都有其特定外显、内在动因，管理者就应有的放矢，针对性采取相应措施激励、鼓舞居民主动参与其中，嵌入真诚情感。

　　将心比心，以心换心，共同将社区文化发扬光大。居民在社区文化治理中既是治理对象，又具有绝对主体地位，必须将其放在第一位，"从群众中来，到群众中去"很好阐释了这一点。自己的文化自己知，自己的需求自己懂，创造有利条件鼓励居民自己建设本社区文化。增强主人翁意识，文化产物接受度只会增加不会减少，给予居民充分的尊重和信任。有利于居民创造性、认同性提升、消除居民个体性、自私性以及社区文化多样性和独特性发展，从而营造出更具生命力的文化氛围，提高公共精神价值理念，促进文化治理目标实现。

# 第六章 新时期下文化消费与群众文化现代化建设互动关系研究——以河南省城镇居民为例

## 第一节 河南省城镇居民文化消费现状与影响因素分析

### 一、河南省城镇居民文化消费的现状及存在的问题

#### （一）文化消费现状

1.河南省城镇居民消费结构与文化消费结构

（1）河南省城镇居民消费结构

居民只有增加收入，才有可能提高消费。因此，收入是消费支出的源泉。"2010年，河南省城镇居民人均可支配收入为15930元，比2009年14372元增加了1558元，城镇居民的可支配收入有了很大的提高。2010年，河南省城镇居民人均消费性支出为10838元，比去年同比增长了1271元，城镇居民的消费能力有所提高。伴随着我省城镇居民收入水平的提高和消费性支出的增加，2010年我省城镇居民人均年文化消费支出为1137.16元，比2009年的1048.14元提高了七个百分点。"

由表6-1可知，2010年食品消费仍占我省城镇居民消费支出的最大比重，其次是衣着和交通通信方面的消费也逐年增加，文化消费虽比2009年有所增加，但在整个家庭人均消费支出方面并不高，排位第四。

表6-1 2009—2010年河南省城镇居民家庭人均消费支出 单位:元

| 年份 | 人均消费支出 | 食品 | 衣着 | 居住 | 家庭设备用品及服务 | 医疗保健 | 交通通信 | 文化消费 | 杂项商品与服务 |
|------|------|------|------|------|------|------|------|------|------|
| 2009年 | 9567 | 3279 | 1270.7 | 1004.37 | 684.79 | 875.52 | 1034 | 1048.14 | 376.70 |
| 2010年 | 10838 | 3576 | 1444.6 | 1080 | 886.7 | 941.3 | 1376 | 1137.16 | 418.04 |

（2）河南省城镇居民文化消费结构

由表6-1可知，2010年文化消费总量比2009年有所提高，但又由表6-2中数据分析可知，2007年—2009年河南城镇居民文化消费的主要部分集中在教育上，可以说，教育支出在整个文化消费中占据了较大的比例。而在2010年，教育消费较低于往年教育消费支出，使文化娱乐用品消费、教育消费和文化娱乐服务消费的各部分比例基本达到平衡。这在某种程度上说明，随着社会经济的发展和人民生活水平的提高，城镇居民更愿意在文化娱乐用品和文化消费服务上进行消费。

表6-2　河南省城镇居民文化消费构成　单位：元

| 年份 | 文化娱乐用品消费 | 教育消费 | 文化娱乐服务消费 |
|---|---|---|---|
| 2007 | 235.78 | 455.28 | 245.50 |
| 2008 | 278.34 | 464.35 | 246.26 |
| 2009 | 284.68 | 477.63 | 285.83 |
| 2010 | 344.49 | 396.34 | 396.33 |

2.不同收入阶层城镇居民的文化消费

根据《2011年河南统计年鉴》，可把我省文化消费群体大致分为三大类。

（1）高收入消费群体

该群体又分为较高收入户、高收入户、最高收入户、更高收入户四类。其中"他们人均年可支配收入为317575元、426371元、546070元、673753元，人均年可支配支出分别为463335元、583758元、875745元、1054301元"。他们属于该市的富裕型或极富裕型消费群体。这类群体主要是由公司老板、私营企业主、高科技领域的成功人士、管理阶层的高级职员、演艺界知名人士等家庭构成。根据马斯洛"需求层次理论"，高收入消费群体在满足了基本的生理和安全需求时，便会向更高层次的需求迈进，追求多元化的精神文化需求，由满足基本生存的物质消费转化为以文化产品为载体的文化消费。他们属于引领大众时尚，精品化、高层次的"先导型"文化消费群体。

（2）中等收入消费群体

该群体"人均年可支配收入为366316元，人均年消费性支出为253658

元"。他们属于该城市的中间阶层,主要是由国家机关人员、科教文体工作者、国有企业职工、个体经营者等家庭组成。他们的消费倾向正在从小康型向富裕型转变,从消费数量向消费质量转变。他们已逐渐成为继高收入群体之后最为活跃的有生力量。

（3）低收入消费群体

这一群体分为最低收入户、更低收入户、低收入户、较低收入户四类。他们"人均年可支配收入分别为169039元、146056元、237570元、295047元,人均年消费性支出分别为143027元、128369元、180558元、223244元"。他们属于该城市低收入阶层,主要包括城市下岗工人、退休职工、进城务工人员等为主体的家庭。他们一般收入较低,消费购买力低下,是社会底层消费群体。

我省城镇居民高收入消费群体、中等收入消费群体和低收入消费群体的可支配收入差距明显较大,最低收入户与最高收入户两者相差甚远,如图6-1所示。同时,我省不同收入阶层的城镇居民在消费性支出上也有明显不同,如图6-2可以看出,高收入群体的消费性支出比低收入群体的消费性支出要高得多。

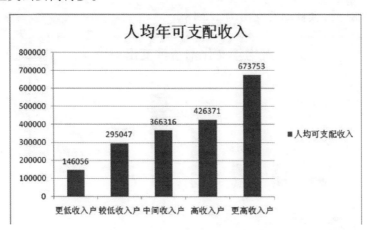

图6-1  2010年河南城镇居民各收入阶层人均可支配收入  单位:元

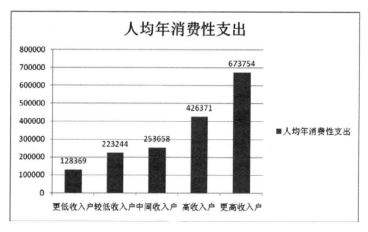

图6-2　2010年河南省城镇居民各收入阶层人均年消费性支出　单位：元

我省不同收入阶层的城镇居民可支配收入也不同,尤其在文化消费支出上有很大差距。如图6-3所示,更高收入户人均年文化消费领域支出达3337.05元,其中文化娱乐用品消费为1183.26元,文化娱乐服务消费1338.57元,教育消费支出为815.21元,而与此相对的更低收入户人均年文化消费领域支出354.95元,其中文化娱乐用品消费为71.95元,文化娱乐服务消费60.81元,教育消费支出为222.18元。

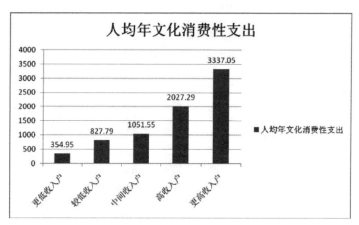

图6-3　2010年河南省城镇居民各收入阶层人均年文化消费性支出　单位：元

### (二)文化消费存在的问题

随着经济的快速发展,人们收入水平的提高和物质生活的改善,使得我省文化消费有了长足的发展,特别是居民的消费范围不断扩大,消费水平和消费结构也都发生了巨大的变化。但同时也不可否认,目前我省文化消费领域中还存在较大的问题,有必要对此领域进行深入分析。以便更好地推动广大人民群众健康合理地发展文化消费,探索并挖掘出目前我省城镇居民文化消费中存在的问题。①

1.文化消费总量较低

河南作为人口大省,具有巨大的文化消费市场潜力,但从实际情况来看,这种潜力并未得到充分有效地发挥。"2010年,河南城镇居民人均可支配收入为15930元,人均消费性支出为10838元,在全国各省市区中排名第16位。我省城镇居民日常消费支出中,食品消费支出比重最高,为3575.75元,恩格尔系数为33.0%;文化消费支出为1137.16元,其中家庭人均文化娱乐用品和服务支出仅为741元,占城镇居民家庭人均消费性支出比重的6.8%,低于全国平均水平"。在中部六省中,河南消费性支出低于湖南、湖北、安徽省份,居第4位,而文化消费支出则排五个省份之后,居第6位。如表6-3所示,这说明了我省城镇居民的消费仍看重物质消费、轻视文化消费。所以,引导居民由物质消费向文化消费转变、由消遣娱乐向提升个人素质、实现精神享受转变,提高文化消费在总消费支出中所占的比例,使居民自觉地进行文化消费活动是关键。

表6-3 2010年中部六省全年人均文化消费支出情况分析 单位:元

|  | 河南 | 湖南 | 湖北 | 安徽 | 江西 | 山西 |
|---|---|---|---|---|---|---|
| 可支配收入总量 | 15930.26 | 16565.70 | 16068.37 | 15788.17 | 15481.12 | 15647.66 |
| 消费性支出 | 10838.49 | 11825.33 | 11450.97 | 11512.55 | 10618.69 | 9792.65 |
| 文化消费支出 | 1137.16 | 1418.85 | 1263.16 | 1479.75 | 1179.89 | 1229.89 |

2.文化消费结构有待优化

河南城镇居民文化休闲娱乐活动较单一,主要是看电视、看报纸、看休闲娱乐杂志以及上网、打牌等传统文化消费项目。这些活动消费范围和环境局限性大、文化消费层次也偏低,这就构成了目前河南城镇居民文化消费的结构特点,缺乏活力和创新力。然而高雅的、纯艺术类的艺术消费备受冷落,大部分居民对此消费不感兴趣,它们在居民生活中占有较轻地

①党琼. 河南文化产业发展现状研究[D]. 郑州:郑州大学,2014.

位。因此,优化文化消费结构,激发文化创新活力,以满足人们多元化消费需求。

3.文化消费观念急需更新

文化消费作为一种文化体验,是人们情感的享受和身心的发展。长期以来,人们文化消费意识淡薄,消费素质不高,消费观念主要表现在重流行元素轻个性、重享乐轻发展、重形式轻内容,消费方式仍然处于休闲减压和娱乐消遣的初级阶段,而提高个人素质、实现精神享受层面的文化消费较少。我省城镇居民文化消费偏低,一方面在于居民对自己现有的文化娱乐内容质量感到不满意,大多数人感到基本的文化需求得不到满足,另一方面又不愿意拿出太多的钱用于文化消费。表面看来,造成这种现象的直接原因是居民收入水平低下,支付能力弱。但深入分析河南居民文化消费情况后发现,居民文化消费的投入与家庭收入水平的高低并不是造成此问题的直接原因,他们尚有潜在的文化消费支付能力,更多的是在于他们落后的文化消费观念。例如2009年,我省城乡居民储蓄存款余额达11207亿元,比上年同期增长17.8%。他们拥有较高的储蓄,具有较大的消费潜力,但他们仍受消费模式和消费观念的制约,停留在传统保守型的消费观念上。

4.文化消费环境恶劣

营造良好的文化消费环境是提高文化消费能力的前提,是有效传播文化的途径。当今文化消费环境一直是一个让人担忧的问题,经营者一般只顾及赚钱,没有很强的责任感,不着眼于整个行业的长期发展,缺乏安全意识和环保意识。因此,加强文化市场的监督管理,加大执法力度,依法保护知识产权,坚决清除淫秽色情和低俗内容,特别是加强网络文化建设和管理,运用各种手段对文化消费进行调节,同时还应发挥消费者协会等社会组织的作用,维护文化消费者的权益。

## 二、河南省城镇居民文化消费影响因素分析

随着我国社会经济的快速发展,我省也进入了经济快速发展的阶段,但是经济的快速发展并没有给消费带来同步的增长。而本研究将从需求因素和供给因素两大方面探讨并分析影响我省城镇居民文化消费的因素。

**（一）需求因素**

1.收入水平

我省城镇居民总体收入水平不高，收入差距也较大，成为制约我省文化消费结构升级的根本因素。人均收入状况直接决定支出能力，"2010年河南省城镇居民家庭人均总收入为17141.80元，人均可支配收入15930元，低于全国平均水平，居全国第17位，人均家庭消费性支出为10838.49元，而文化消费支出仅为3575.75元。"所以，收入水平和支出水平的高低就决定了总体文化消费支出的高低。一般来说，人均可支配收入的水平越高，文化消费能力就越强，文化消费数量也就越大。文化消费属于精神消费领域，与居民总体生活水平有直接关系。因此，只有在人们生活水平较高的情况下，其收入满足了低层次的物质需求后，才会更多地去满足精神消费领域的需求。

表6-4所示，我们收集了近五年来有关河南城镇居民人均可支配收入、人均年文化消费性支出和城镇居民恩格尔系数的相关数据。根据19世纪德国统计学家恩格尔的相关理论可知，恩格尔系数代表城镇居民的生活水平，一个地区越富裕，人均收入中用于购买食物的支出所占的比例就越小，那么该地区的恩格尔系数就越小。由河南近2006年至2010年的数据分析，一方面河南省城镇居民人均收入用于购买食品的支出所占的比重逐年减少，恩格尔系数也越来越小，说明了我省经济近年来的快速发展，人均可支配收入也越来越多，另一方面城镇居民文化消费水平与可支配收入之间存在有明显的正相关关系，与恩格尔系数存在显著的负相关关系。由此可见，文化消费与可支配收入和生活水平之间的关系。因此，居民可支配收入的持续增长和满足低层次的物质需要是文化消费增长的前提。

表6-4　2006—2010年河南城镇居民家庭人均收入等相关数据　单位:元

| 年份 | 人均可支配收入 | 食品消费支出 | 人均年文化消费支出 | 恩格尔系数 |
|------|----------------|--------------|---------------------|-----------|
| 2006 | 9810.26 | 2215.32 | 847.12 | 33.10% |
| 2007 | 11477.05 | 2707.44 | 936.55 | 34.60% |
| 2008 | 13231.11 | 3079.82 | 988.95 | 34.8% |
| 2009 | 14371.56 | 3272.75 | 1048.14 | 34.20% |
| 2010 | 15930.26 | 3575.75 | 1137.16 | 33.00% |

2.文化消费主体缺失

文化消费是一种心理需求，是一种在生理需求以外寻求精神上的依托。它的这种需求不是出于人的生物性本能的需求,而是受文化环境和社会文化意识的影响而产生的需求,它是人格自我完善的表现,也是一个人综合素质的体现。因此,消费主体的特征也是影响文化消费的重要因素。

由于人们的文明程度不同,他们的文化消费需求的层次性也就不同,因而消费效果也截然不同。所以说,消费主体素质的高低直接影响了消费能力和消费效果。研究发现,受教育程度较高的消费者拥有广阔的文化消费爱好和空间,而受教育程度较低的消费者拥有狭窄的文化消费爱好和空间。我省城镇居民文化素质普遍较低,制约了居民文化消费结构的多样化,从而影响了我省文化消费空间的拓展。

文化消费意识的淡薄限制了消费的实现。"勤俭持家、量入为出"的消费观,一直以来是中华民族传统的消费观念,这种根深蒂固的传统消费观念至今仍对居民消费有着较深的影响。淡薄的消费意识和传统的消费习惯使人们在日常消费中处于保守性消费,在满足了基本物质需求外,其他方面的消费需求意愿很弱。另一方面,落后的文化消费观念也阻碍了文化消费结构的升级和转型。大部分人们的消费观念还停留在传统物质生活享受的阶段上,未能在经济富裕之际实现向文化消费的转变。即便是经济发展较快和人均收入水平较高的地区,文化消费观念也相对滞后,以文化作为休闲方式的观念还未很好地形成。人们的文化消费心理不成熟,他们还是更热衷于物质享受,宁愿每月花更多的钱去享受大餐,也不愿意免费去图书馆看书。这一切都成为阻碍文化消费的因素。

### (二)供给因素

1.文化产品短缺

文化产品处于文化消费链条上的上端,因而文化产品的供给滞后可直接抑制文化消费潜力的释放。

第一,文化产品生产规模小、质量差,文化产品服务内容陈旧、缺乏创新、运营模式单一,远远不能满足人们日益增长的精神文化需求。河南文化产品在传统中徘徊,虽然文化产品样式丰富,但大多数产品为传统型文化产品,而新兴文化消费品则发展不快,甚至在消费市场上出现产品短缺现象。这就使消费者在文化市场上普遍感觉到东西多、精品少,可消费的产品多,但值得消费的对象少。文化产品的质量和数量与消费者的实际需求和期待之间存在严重的脱节。随着我省经济社会的高度发展,居民在阶层和收入等各方面的差距被逐渐拉大,文化趣味上也有明显差异,但文化产业市场还不能与之同步发展,不能满足人们多样化的文化消费需求。

第二,文化产品价格体系尚未形成,影响了市场调节机制的调节作用。我省市场形成的价格机制尚未健全,使得文化产品服务价格体系未能与市场运行机制实现真正的有机结合。许多文化产品如电影、文艺演出等票价的定价方式过于死板且票价往往偏高,就郑州市来说,一张电影票的票价大概由30元~100元不等,文艺演出的票价则更高,高昂的票价超出了普通消费者的承受能力范围,致使他们望而生畏、敬而远之。文化产品与服务价格的脱节,阻碍了一些消费者不能真正参与到文化服务消费中来,制约了我省文化消费的发展。

第三,公共文化服务设施建设滞后,无法为文化消费升级提供有效地平台。如表6-5所示,我们可以看出,我省公共文化服务设施建设滞后,公共文化资源匮乏。近年来,河南公共文化服务设施建设没有大的增幅,艺术表演团体、文化馆和公共图书馆在数量上没有太大的变化,只有博物馆每年还会增加一些。同时,现有的一部分图书馆、文化馆等之类的文化服务设施也没有得到有效的利用。"全省共有18个地级市,而在这些公共文化服务设施中,每个城市平均会拥有11家艺术表演团体、10家文化馆、8家公共图书馆和6家博物馆。""我省公共文化服务设施的短缺,已经无法满足城镇居民日益增长的精神文化需求,严重影响了人们日常文化消费的闲暇生活。

表6-5　2006—2010年河南省公共文化服务设施建设情况　单位:个

| 年份 | 文艺表演团体 | 文化馆 | 公共图书馆 | 博物馆 |
|------|------|------|------|------|
| 2006 | 199 | 183 | 136 | 79 |
| 2007 | 199 | 183 | 138 | 82 |
| 2008 | 200 | 183 | 142 | 95 |
| 2009 | 200 | 184 | 142 | 103 |
| 2010 | 200 | 183 | 142 | 111 |

2.文化消费市场管理

文化消费市场潜力巨大,但文化消费市场管理和文化消费环境等方面存在诸多不利于发展的制约因素。

第一,文化消费市场管理缺失破坏了公平、公正的市场竞争秩序,影响了文化消费市场环境。人们的文化需求是多元的,这就要求文化市场也应该是多元的。当人们在进行文化消费时,不仅会选择适合自己的消费产品,同样也会选择适合自己消费习惯和消费需求的市场。一旦文化消费市场秩序出现混乱,那么文化消费市场上就会出现各种巧立名目收费、附加性收费以及超标准超规定性收费,甚至出现"宰客"等现象。因此,我省近年来全面整顿和规范文化市场秩序,特别是文化娱乐和休闲场所经营,加大市场监管力度,避免此类现象发生。坚决打击制造以及出售假冒伪劣商品和价格欺诈等行为,维护消费者合法权益,确保公平、公正的市场竞争秩序,营造良好的文化消费市场环境。尤其是文化主管部门应积极维护文化消费市场的正常秩序,推进公共文化服务市场化,为所有制企业营造一个公平、公正、透明的体制和政策环境。人们只有处在稳定的、有序的文化市场环境中,才能更好地进行文化消费,文化产品也才能更好地得到合理流动和优化配置。

第二,文化消费市场制度建设滞后,未能为文化消费的管理提供有效依据。建立健全文化消费市场法律法规,保障文化产品和消费的合法性。文化消费市场不同于其他消费市场,文化产品和文化服务的内容与形式不断地更新变化,新的消费载体也不断地涌现,致使现有的法律法规有必要进一步完善。特别是一些新业态和新媒体的出现,如手机微信、手机微博、手机购物、网络音乐下载等的立法空白较多,使人们在文化消费过程中的权利和利益没有得到切实有效的保护。由于相关法律法规的缺失和滞后,影响了人们进行文化消费的积极性。因此,我省应该根据文化消费市场的特点以及文化消费市场所提供的文化产品和文化服务的特性,对现行的文化消费市场通过制定地方性法规和政府规章,调整文化行政部门管理文化市场的部分职责,以弥补行政法规的缺失。同时建立文化消费市场管理工作目标责任制,把文化消费市场管理工作纳入正常化、规范化以及法制化轨道,为文化消费的管理提供有效可依的法律规章制度。并积极推进文化体制改革,加强文化消费市场制度建设,提高法律法规对现实的适应性以及及时填补实践中出现的立法空白。

第三,有效的闲暇时间抑制了文化消费者的爱好培养和文化消费形成。文化消费不仅需要有一定的收入作为支撑,还需要有充足的时间作为保障,具备经济和时间的双重基本条件,居民才能进行文化消费。人们的文化消费大部分都安排在闲暇时间。因此,可以说,人们所拥有闲暇时间的多少直接影响文化产品和服务需求的数量。通常文化消费需求的高峰期相对集中在节假日或闲暇时间段。我国自实行双休日制度以来,人们的空闲时间比以前增加了许多,特别是现在,除了五一、国庆、春节外,中国的其他传统节日清明节、端午节、中秋节也都设有法定假期,但是,目前由于社会就业竞争压力迫使许多在职人员在国家规定的法定假日期间存在一种"有假无休"的状况。还有一部分人主动放弃休息时间,投入到工作之中,实现自己的人生价值。而另外一些人把自己全部的时间和精力都用来照顾老人和孩子,很少有时间参与文化消费活动。

# 第二节 河南省城镇居民文化消费能力与文化产业发展

## 一、河南城镇居民经济能力分析

### (一)文化娱乐用品

改革开放以来,随着我省经济社会的发展和居民收入水平的提高,河南城镇居民在满足基本的物质生活消费外,更加注重在精神文化生活方面的消费,追求高品位、多样化的精神文化生活已成为时尚。文化市场的繁荣和文化产品的多样化,加快了文化娱乐用品的更新换代,促使了文化市场上推陈出新一些高档次、科技含量高的文化娱乐产品,并深受城镇居民的青睐。经调查可知,河南省城镇居民人均文化娱乐用品消费支出比例在逐年上升,并且与教育消费之间存在的差距正在逐渐缩小。之所以会出现这样的现象,是因为随着多媒体、互联网和电子技术的兴起,引发了文化消费方式的变革,刺激了城镇居民对手机、数码电子等文化娱乐用品的需求。2000年城镇居民人均文化娱乐用品消费支出为100.19元,2005年城镇居民人均文化娱乐用品消费支出达208.64元,而2010年人均文化娱乐用品消费支出达到344.49元,我们由此可以看出,2000年—2005年、2005年—2010年,每五年来河南省城镇居民人均文化娱乐用品消费支出都增长100多元,同比增长分别为1.08%和0.65%。

另外,从我省城镇居民家庭每百户拥有文化娱乐用品的拥有量来看,市场上出现的各种新型、高档的娱乐耐用品消费已逐步进入居民家庭。

### (二)文化娱乐服务

在小型化的家庭结构中,文化娱乐服务消费逐渐成为一种时尚和主流。伴随着生活水平的提高,文化休闲娱乐已成为当今城镇居民文化消费的新热点。城镇居民文化娱乐消费市场呈现快速发展的态势,成为拉动人们消费和扩大内需的新亮点。2010年河南省城镇居民家庭人均文化消费支出为1137.16元,与去年同期的1048.14元相比,总量增加了89.02元。其中,人均文化娱乐服务消费支出为396.33元,比去年同期增加了110.5元,同比增长0.38%。数据资料显示,城镇居民文化娱乐服务支出有较大幅度的增长,同时随着人们生活质量的提高,生活方式的多样化,消费观念也不断地更新,消费结构也因此发生了重大变化。博物馆、艺术馆、体育健身场馆、广场、绿地等文化娱乐设施和场地不断地增加和完善,进一步激发了我省城镇居民体育健身和文化娱乐消费的热情。人们在节假日、周末或饭后之余,去各种健身房、广场公园进行文化娱乐休闲活动,丰富了人们的业余文化生活,提升了我省城镇居民的生活质量和幸福指数。

### (三)教育

文化消费不仅包括用于文化、娱乐和休闲等方面的消费,还包括用于学习和智力方面的投资。随着经济社会的发展,市场竞争的加剧,人们越来越认识到知识和科技文化的重要性,并不断地开始加大对教育的投资,提高人们的科学文化水平和道德文化素质,并由此引发了教育消费支出在某一时期的大幅度增长,2000年河南省城镇居民人均教育支出只有234.20元,直到2005年人均教育消费支出增长到421.72元,使居民家庭教育消费一度成为文化消费的主流。

造成这种现象的原因主要有两个方面:一是近年来城镇居民不断加大对子女教育费用的投入,让孩子参加各种校外兴趣班,购买各种学习资料,使消费支出大幅度增长。特别是当今社会家庭结构,独生子女家庭越来越多,使得孩子成为整个家庭的核心,尤其是当父母给予孩子"望子成龙""望女成凤"的深厚期望时,孩子的教育则成为家庭中的重中之重,同时也是教育消费的主要动力。据调查,我省历年各级各类学校的在校人数比原计划招生人数要超出许多,特别是近五年来接受高等教育的人数剧增,由2000年在校人数26.24万人到2010年在校人数上升到145.67万人,这期间的在校人数增加119.43万人。这充分说明了教育消费是家庭消费的首要支出,2000年至2009年,在文化消费领域中教育消费比其他任何消费都占有更大的比重,尤其是当今社会人们越来越注重婴幼教育、小学教育和高等教育,为此投入更大的消费支出,使越来越多的人接受教育。"2010年全省共有7698所幼儿机构,在园人数达197万,其中大学专科毕业及以上学历的专任教师占60.4%,高中阶段毕业的专任教师占36.2%;研究生分学科招生人数为10704人,实际分学科在学人数达29021人,其中学术型在读人数达25142人,专业学位在读人数有3879人。"另外,随着人们生活水平的提高,人均收入不断地增长,社会上便出现一股"留学"热潮,他们大多数是自筹学费想通过出国来继续接受深造。二是来自当今社会的就业压力,迫使许多年轻人努力提高自身的综合素质,参加技能培训和继续再教育的学习,使消费支出也大幅增加。社会上有各种技工学校、中等专业学校以及成人教育、网络教育和民办教育等各种形式的继续教育再学习途径。"2010年,河南省共有职业技术培训机构18007所,结业生数达4535052人次;普通中等专业学校在校学生为1636004人;成人教育学校共有29652所,在校学生数达5277983人:网络教育本科和专科的在校人数可达51293人。"

## 二、河南城镇居民文化消费能力与文化产业发展的相关性

### (一)河南城镇居民文化消费观念

文化消费观念是在一定的思想指导下和文化中形成的,它必须是先进的指导思想汲取先进的文化。正确树立科学的文化消费理念,可通过网络、媒体等多种途径进行宣传、倡导文化消费观,激发城镇居民的文化消费热情,培养良好的、健康的消费习惯,并自觉引导城镇居民以不断提高文化素质、满足精神文化需求、实现人的全面发展以及追求较高生活品质为目的的文化消费活动,在全社会中形成以文化为发展核心,以文化繁荣和提高居民精神文化生活水平作为发展的最高目标。根据"中国城市居民文化产品消费状况调查(郑州问卷)"来分析说明河南省城镇居民的文化消费观念。[①]

①耿杨. 河南省文化消费对经济增长影响的效应测度研究[D]. 开封:河南大学,2017.

　　本调查问卷资料是立足于郑州市城镇居民的文化消费行为,以城市居民文化消费数据的定量分析为主要手段,对郑州市城镇居民的文化消费观念进行论证分析。首先是论证郑州市城镇居民在确定选择某种文化产品时最看重的是什么因素。数据资料显示,城镇居民在选择文化产品时更看重的有6项主要因素,其中最多被提及的三个因素分别是:质量、实用性、价格。28.65%的受访者认为在选择文化产品时看重的是实用性;27.95%的受访者认为在选择文化产品时看重的是质量;20.65%的受访者认为在选择文化产品时看重的是价格;而选择品牌因素和包装因素的只有14.33%和7.30%的受访者。其次是制约郑州市居民参加文化活动或购买文化产品的主要的因素:一是居民闲暇时间较少,占28.55%;二是参加文化活动或购买文化产品的价格过高,占20.72%,三是满意的文化项目和没能及时获得信息,分别占17.62%和1680%。第三是郑州市居民对盗版文化产品与正版文化产品的消费倾向。受访者中有70%的人买过盗版产品,18.90%的人认为购买盗版文化产品虽然质量差点,但是价格低廉;16.48%的消费者认为消费点多,购买方便。

　　最后是郑州市居民每月用于文化产品或文化活动的支出费用在0元-100元以内的人数居多,其中用于购买书籍、报纸、杂志和上网的文化消费活动占多数,这说明城镇居民中无偿消费或低价消费的观念在我省还占有相当大的比例,同时也说明我省城镇居民在文化消费上还有很大的发展空间。

　　根据上述问卷调查数据分析出我省城镇居民表现出的文化消费观念:

　　第一,河南城镇居民有自觉免费文化消费或低价消费的习惯。无偿消费或低价消费的观念在我省还占有很大的比重。这种观念,将直接影响文化创造者的积极性。文化产品的知识产权,在其开发和创造的过程中成本高,难度大;而利用和复制的成本低,且十分便利。这让免费或低价获取他人智力成果的现象司空见惯,如网上下载的免费电影,5元或10元一张的盗版光盘等。表面上看,这种现象是消费者获得利益,但长久蔓延以来,最终损害的还是消费者自己的利益,如果所有人都来买盗版碟,那么将不会再有人投资拍电影,消费者想看电影的需求,也就将无从满足。所以,消费者要理性对待文化消费,自觉形成接受付费消费的习惯,从而获得享受更多智力成果的机会。

第二,河南城镇居民自觉要优化文化消费结构,出现产品需求断层。不同收入的消费者构成了不同阶层的消费群体。有消费欲望的中低收入阶层消费群体其收入增长缓慢,无力购买奢侈、精品化的文化消费产品,这类消费群体通常只有购买生存必需品的能力,并且在选择产品时更看重产品的质量、价格及实用性,而对于生活需求已基本满足的高收入阶层消费群体无这种消费欲望,只对高档文化消费品有需求,在选择文化产品时注重商品的品牌和包装,这样社会上就产生了一种文化产品"需求断层"的现象。因此,改善整体消费倾向,针对不同的消费群体制定不同的消费政策,化解其供需矛盾,加快产业化结构调整。

第三,河南城镇居民有明显增加多样化、个性化的文化消费趋势。近年来,一部分消费者通过文化消费来张扬个性。特别是各种各样的文化消费理念被人们逐渐认同和接受,通过网上购物、刷卡消费、分期付款等方式参与文化活动或购买文化产品。这种方便、快捷的文化消费方式已逐渐成为居民日常消费生活中的选择,并为我省文化产业的发展提供了新的路径。

### (二)从居民消费状况看河南文化产业发展

从以上分析可以看出。河南省城镇居民的文化消费能力与全国大中型城市相比还处于较低阶段。文化产业发展的快慢与某一地区的总体经济发展水平及居民文化消费诉求有直接的关系。因此,河南应从下几个方面来加强我省文化产业的发展:

1.文化资源保护力度有待加强

河南作为文化资源大省,在文化事业方面的投入却相对不足,文化设施虽有一定数量的增加和完善,但较其他城市而言,文化设施仍较落后,对文化资源保护不力,严重遏制的了河南省文化产业的快速发展。

2.文化资源有待优化整合

河南省是文化资源大省,但河南各地市的文化资源相对较分散,集体的文化程度不高,零散的文化资源难以形成合力,使得河南文化难以在全国范围内形成影响力。

3.文化产业发展观念有待转变

一直以来,很多人对文化产业发展在经济社会发展中的重要地位缺乏明确的认识,对发展文化产业的重要性和紧迫性认识不足,从而导致了许多文化资源闲置浪费,无法得到长期有效开发。

4.文化产业整体实力有待提升

河南省文化产业长期以来以发展传统文化产业为主体的具有发展前景和活力的现代文化产业为主,贡献的增加值份额偏小,有竞争力的大规模综合性文化产业主体数量较少。它们相互之间缺乏互补性,更缺乏实现与全国知名文化企业进行文化资本、人力资本和金融资本的有效对接。

5.文化体制改革有待加快

河南省文化人才队伍建设还比较薄弱。特别是由高知识顶尖人才组成的文化精英群体尚未形成,缺少懂文化又擅长经营管理的领军人物,然而省内高等院校相关专业的人才培养尚未能满足河南省文化产业的发展需要。政府职能还未得到有效的转变。对于文化事业单位管理过多,服务过少。国有文化单位内部机制不灵话。人事管理制度改革滞后。民营文化企业由于资金和规模的限制,发展还很缓慢。

# 第三节 河南省城镇居民文化消费与群众文化建设的互动关系

## 一、河南城镇居民文化消费对文化建设的促进作用

### (一)文化消费需求制约文化建设的发展

我们通常所说的文化消费需求是指有支付文化消费能力的需求。而"文化消费则是用文化产品或服务来满足人们精神需求的一种消费,包括教育、文化娱乐、体育健身、旅游观光等诸多方面"。它既是文化产业发展的内在动力,也是人民群众幸福指数的重要指标,同时还是文化队伍建设的基础和培养文化专业人才的土壤。文化消费作为文化产业链上的终端环节,与经济运行规律一样,居民消费水平直接影响文化产品的生产能力。没有强大的城镇居民文化消费能力和文化消费需求,就不可能有强大的文化生产力和活跃的文化市场。从整体发展来看,文化消费市场需求的决定因素是消费者的购买需求和文化生产的有效供给,从而也使文化消费需求制约着文化建设的发展。

虽然目前河南有着巨大的文化消费空间,但城镇居民的消费潜力却未

得到充分的释放和发挥。因此,促进文化消费,是加快文化建设的必要选择,而文化建设的发展,必须依靠文化消费的拉动。要建立健全多样化的文化产品市场,促进文化产品和生产要素的合理流动,充分发挥市场在资源配置过程中的作用,不断适应城镇居民消费结构的新变化和新需求,创新文化产品和服务,培育新的消费热点。要加强打造具有核心竞争力的知名文化品牌,这样有利于扩大文化消费的市场份额,有利于增强城镇居民文化消费的连续性,使文化消费可以健康、持续的发展。

伴随着经济的快速发展,城镇居民人均收入水平的提高和闲暇时间的增加,居民的文化消费水平不断增长,我省的文化建设在满足人民群众的需求中日益繁荣。我省已初步形成了文化产业的市场体系,其中有文化娱乐、图书音像、奥斯卡影院、文化旅游、文化技能培训等。居民的文化消费需求形成了巨大的文化市场,逐步健全的市场机制又推动文化产业长足发展,从而进一步带动文化需求。居民文化消费需求的多元化要求加强文化设施建设、加强文化产业基地和特色文化产业群的建设,促进文化产业转型升级,为城镇居民生产更多更好的文化产品,为城镇居民提供价格合理、丰富多样的文化产品和服务。支持建设和改造博物馆、图书馆、艺术馆等文化消费场所的基础设施,为文化消费创造必要的物质条件。但文化建设还远不能满足人民群众日益增长的精神文化需求。历年来,我省文化消费支出总量与其他大中城市相比还存在较大的差距。这说明,我省无论是公益性文化事业,还是文化产业所提供的文化产品和服务都还远远不够,尚不能满足人民群众多层次、多方面、多样化的精神文化需求。特别是近年来我省城镇居民文化消费需求越来越大,文化消费进入了快速增长的阶段,出现了居民文化消费需求与文化产品和服务供给之间的矛盾现象,从而导致了文化消费需求制约我省文化建设。

居民文化消费需求的大小与文化产品和服务供给量存在有效的互动和链接,当城镇居民文化消费需求过高时,文化产品和服务则不能很好地发挥它们应有的作用,文化产品跟不上时代潮流的发展,文化服务设施投入不足,人们的文化消费需求不能得到充分的满足,长期以来,会降低城镇居民文化消费的欲望和需求,从而制约了我省文化建设。

因此,文化建设应立足于城镇居民文化消费需求,生产适销对路的文化产品,提供符合消费需求的文化服务。同时还应加强基础教育、基本医疗和社会保障等方面的投入,不断提高居民文化消费比重和文化消费意愿,并在提高文化消费的过程中提高居民文化素质,形成居民文化素质不断提高、文化消费范围不断扩大和文化产业不断壮大的良性循环。

### (二)消费能力是发展文化建设的动力

党的十七届六中全会明确提出,"发展文化产业是社会主义市场经济条件下满足人民多样化精神文化需求的重要途径","增加文化消费总量,提高文化消费水平,是文化产业发展的内生动力"。同时"十二五"规划纲要指出,"十二五"期间要加快形成消费、投资、出口协调拉动经济增长的局面,增强消费对经济增长的拉动力。这对于提高文化消费能力,引导居民文化消费乃至促进文化产业的健康发展都具有重要意义。

文化产品的创造是文化消费的前提,而文化消费又是文化产品创造的目的。因此,文化产品和服务只有通过居民的文化消费,才能实现其价值所在。积极、支持、鼓励发展文化事业和文化产业,不断繁荣文化消费市场,提高居民文化消费能力,为文化产业和文化事业的壮大发展提供强大的动力和不竭的源泉。

文化建设的动力来源于居民文化消费能力的提高。近年来,河南以建设文化强省为目标,以改革创新为动力,以满足人民群众的精神文化需求为出发点和落脚点,大力实施"文化基础设施建设、文化产业发展、文化体制创新、打造文化品牌效应"的精品项目,使文化建设取得了显著的成绩,全面提升了河南的文化软实力。并进一步建立和完善城市公共文化服务体系,加强图书馆、博物馆和文化馆等的建设;积极推动文艺创作,实施精品文化工程,加大重大题材的创作力度,不断推出具有鲜明时代特色、强大生命力和感染力的文化创作;扶持体现民族特色和时代特征的重大文化项目,扶持对重要文化遗产和优秀民间艺术的保护工作等,这些文化基础建设都源于居民文化消费能力的提高。居民消费能力是决定消费行为的重要因素,而文化消费能力又与消费者的经济消费实力有关,还与居民的文化素质、闲暇时间以及收入水平和文化娱乐设施的建设等成正比关系。文化消费能力在一定程度上会限制文化产业所能达到的市场规模和发展要求,即居民文化消费能力的提高,可增加文化消费的需求。

全民教育的普及使广大居民成为有知识有文化的、接受基本教育的消费群体,并由此而产生了广泛的文化消费需求。而有限的文化产品和服务却无法满足日益增长的文化消费需求,随着现代传媒技术的发展,使越来越多的文化产品得到广泛的传播。因此,要加大提高城镇居民的文化消费能力以促进文化产业和文化事业的长足发展。据河南文化年鉴有关数据显示,从2005年到2011年,我省城镇居民人均可支配收入从8667.97元上升到18195元,恩格尔系数也有所下降。我省城镇居民经济收入有了较大的提高,各类消费性支出也呈现出增长的趋势,教育文化娱乐服务方面的支出也逐渐增加,并在居民消费性支出中占有很大的比例。这些说明了随着人们收入水平的提高,文化消费能力也逐渐增强,消费需求也逐渐多样化,同时对文化产业的发展具有明显的拉动作用。

**(三)文化消费的多样性决定文化产业的多样性**

当今社会是一个复杂的有机整体,而社会文化生活也是复杂多样的。组成社会的人都不尽相同、多种多样,其性格、习惯、爱好、年龄、职业、经历以及文化素质等各不相同。社会生活的复杂性和人的社会属性的多样性,决定了居民文化消费的多层次性、多样性。"文化消费是由消费者主体、消费对象(文化产品和服务)和消费行为三者构成了一个完整的文化消费过程。"这一消费过程具有一般物质消费对产品的占有、使用和消耗等特点,又有消费者在文化产品满足自身享有或欣赏过程中衍生出来新的意义和内涵。因此,居民文化消费从消费的内容来看,有娱乐休闲、艺术审美等各种层次的文化消费;从居民享用的角度来看,可分为看、听、玩等几类功能;从消费群体来看,可分为基本文化消费群体、享受文化消费群体和发展文化消费群体三部分。在社会主义市场经济条件下,文化市场逐渐成为人们进行个性化文化消费、满足多样化文化消费需求的重要途径,而文化产业又作为文化消费需求最直接的市场反应,其文化产品和服务必须以多种发展形态来适应和满足不同文化消费需求和层次,以获得最大市场化效益。这就需要文化产品的创作者、生产者以及文化服务的提供者把城镇居民喜欢与否、认可与否、消费与否作为创作、生产和服务的目标,努力提供正确导向的、为人民群众所喜闻乐见的精品力作和优质的文化服务,以满足不同地域、不同层次、不同群体、不同年龄的人民群众丰富多彩的文化消费需求。

目前河南城镇居民的社会需求结构和消费结构发生了深刻的变化,文化消费由过去的结构单一、消费层次低下转变为多样化、多层次的消费结构,由此确立了河南文化产业的多元化多层次性的发展战略,提供从高端精品到中低端系列的文化产品,以适应不同阶层对文化消费的个性化、多样化需求。我省的文化产业主要归结于三大部类:第一类是以媒介为载体的产业。包括报业、期刊业、出版业以及它们上游的信息产业、造纸业和下游的印刷业、发行业、物流业和媒介产品销售业等为主的纸质传媒产业,而书籍报纸杂志等的印刷制品出版是文化产业最早涉及的领域,至今仍有相当好的市场。随着传播通讯业的发展,社会上出现了以广播影视和互联网为载体的电子传媒产业代替了纸质传媒产业,它是当今发展最为快速、影响最广泛的文化产业;第二类是依托高新技术生产的现代文化产品。近年来,这类文化产业发展前景广阔,通过数字化、多媒体的技术优势超越了传统文化产业的各类影像制品、电子书籍、计算机及软件等文化产品,适应了不同阶层的人们对信息需求的迫切渴望及文化自主选择的多样化要求。第三类是各种经营性文化消费。在人们经济水平提高、闲暇时间增多、消费能力增强的情况下,如教育培训、文化演出、艺术展览等各种经营性文化消费越来越多。当前我省文化产业应注重对基本文化消费需求的把握,因为这类消费与大多数人的经济文化消费水平及能力相适应,消费群体最多,耗用的文化消费品数量最大,通常表现为对期刊、报纸、书籍、影视、广播和戏曲文艺等方面的大量消费。以文化休闲娱乐和身心健康为特征的享受型文化消费,如KTV、酒吧、动漫、网络游戏以及各种娱乐休闲俱乐部等,在当今社会上呈现出迅速发展的势头,但因消费成本较高,消费结构较单一,此类消费群体还占少数,这就需要我们进行正确的消费引导。

因此,人们多样化、多层次、多方面的文化消费就决定了文化产业上多样化、多层次、多方面的发展,建立门类齐全的文化产品市场和文化要素市场,更好地满足人民群众的精神文化需求。特别是要发展对消费者艺术审美需求的满足和提升,如发展精品影视创作、经典人文作品、高雅艺术创作等高层次文化消费。

## 二、河南城镇文化建设对城镇居民文化消费的制约作用

### (一)文化建设水平决定城镇居民文化消费水平

文化建设既是文化消费得以实现的载体和平台,又对文化消费起着示

范和促进作用。文化建设水平的高低直接决定了城镇居民文化消费水平的高低和居民文化消费需求的多样化。这主要是因为,文化建设较好的地区,源自对人们文化消费需求的不断挖掘,不断地将潜在的文化消费需求,变为有效地可以市场化运作的文化需求的过程,变为在文化产业的开发过程中不断刺激调动市场的有效需求,并有效地调动了人们潜在的多样化文化消费需求;而文化建设落后则是制约这一地区文化消费水平的重要因素,它与社会的进步、经济的发展表现出不协调、不相适应的特征。文化产业创造、生产出来的文化服务产品,直接影响居民的思想和行为,对他们的文化消费观念和文化消费行为都产生强大的冲击力。由于发展的滞后,文化服务在规模、种类和质量上与文化需求存在一定的差距,文化消费水平的低下和文化消费结构的单一,阻碍了消费需求的扩大,从而潜在的文化消费需求未被开发释放出来。因此,文化建设有利于满足人民群众的精神文化消费需求,更有利于提高城镇居民的文化消费水平。①

目前,河南加强文化建设,把坚持发展公益性文化事业和文化产业作为保障人民文化权益的途径,积极推进公益性文化设施建设,实现文化资源共享,推动更多的免费公共文化设施或优惠向弱势群体开放,如各地市建立图书馆、文化馆、纪念馆、展览馆、影剧院、文物遗址等设施发挥其应有的作用,满足广大人民群众的文化消费需求,提高人民群众的文化素质和文化消费水平,让更多的居民享受到公共文化服务带来的福利。

积极推进文化体制改革,加强管理,活跃市场,形成富有活力的文化管理体制和文化产品生产经营机制,提高文化生产经营者的积极性和创造性。要为人民群众提供更多更好的文化产品和服务的同时,不断增强人们的文化消费需求;要繁荣发展文学艺术、新闻出版和广播影视业,生产创造出更多更好的人民群众喜闻乐见的优秀文化作品;要加强社区文化基础设施的建设,开展多种多样的居民文化活动和体育活动,丰富人民群众的社会文化生活,提升城镇居民的精神文化境界,从而提高全社会居民的文化生活质量。

### (二)文化建设能力在一定意义上影响城镇居民文化消费需求

城镇居民多样化的文化消费需求是文化建设的前提条件,当文化产业

①毛霞.文化消费与文化建设互动关系研究以河南城镇居民消费群为例[D].新乡:河南师范大学,2013.

和文化事业发展起来之后,与城镇居民的文化消费之间存在积极的互动效应关系。

随着科技的进步和经济的发展,电子信息技术逐渐向文化领域广泛渗透,推动了我省文化产业的高速发展,并成为国民经济中重要的支柱产业和新的增长点。河南文化事业和文化产业在建设上有很强的增值功能和广阔的发展空间,在促进国民经济快速发展的同时,提高了城镇居民的经济消费能力,刺激了新的文化消费需求的产生。现如今,经济文化一体化趋势加快,文化产业已成为典型的知识密集型产业,具有技术含量高、低投入、高增殖、高回报等特点,且文化资源还有可以多次开发和重复利用,文化产业已经成为经济领域内最具有创新能力并获得经济效益的产业,具有长期可持续发展的前景行业。因此,文化产业作为我省新的经济增长点已成为促进经济增长的关键因素,带动全省经济的协调发展,同时也加强了文化建设的能力,并在一定意义上影响我省城镇居民文化消费需求。

那么,我省加强文化建设能力对城镇居民文化消费需求的影响主要是通过以下三种途径得以实现的:第一,我省文化建设能力的增强,可以为文化消费者提供更多的文化娱乐产品和更好的文化娱乐服务,使广大人民群众参与到文化消费当中,进行高层次、精品化的精神文化生活消费。第二,文化建设能力直接关系到文化产业和文化事业的发展,它们作为具有多种经营内容和形式、占有较多市场份额的产业部门,其发展规律和水平直接关系到整个国民经济的发展和生产总值的增加。在提高城镇居民收入水平和改善文化消费的经济环境条件的同时,使消费者具有更强的文化消费支付能力,进一步刺激文化消费需求的扩大。第三,由于文化消费属于商业性消费范畴,通常具有公共性、开放性、流动性以及兼容性等特点,它们的文化消费过程一般不是独立的、简单的文化产品消费过程,而是与娱乐、饮食、服装、旅游、交通等消费联系在一起,构成了一个内容丰富的综合性文化消费过程,并推动通讯、广告、家电、公关等其他各行业的发展。

因此,文化建设将带动整个经济的发展,使文化产业作为新的经济增长点与文化事业协调运行和均衡发展,从而促使居民文化消费获得良好的互动发展。

### (三)文化建设特点引导城镇居民文化消费方向

在物质相对丰富的今天,人们的文化消费成为新的消费亮点和经济增长点,同时信仰迷茫、精神空虚成为一种社会现象。为了正确引导居民的文化消费方向、满足人们越来越高的文化消费需求,我们应着力加强人们的社会主义核心价值观,推进社会主义先进文化建设。文化建设对于引领社会思潮,引导居民文化消费方向,提高居民幸福感指数,满足人民文化需求具有直接功效。

城镇居民文化消费需求刺激了文化建设的发展,而文化建设具有经济和社会双重属性,是与经济相结合的产物。它不仅在经济领域内产生巨大的经济效益,而且还在思想文化领域中通过大批量的生产文化产品和广泛的文化服务,潜移默化地改变居民的生活习惯、知识结构、文化素养以及价值观和世界观,这就要求文化建设的发展要实现其经济效益和社会效益的最佳结合。因此,文化建设影响和制约着居民文化消费的走向,主要表现为:第一,城镇居民文化消费的导向需要意识形态来引导的。这是因为文化作为上层建筑中的意识形态,其文化价值的内在规定性要求文化产品具有传播文化信息、艺术审美等多种功能,文化产品所蕴含的内容、思想、知识等都转化为居民的思想理念和消费观念,从而进一步影响居民的消费行为。第二,文化建设的双重属性,使文化产业既是商业性生产又是社会性生产,通过商业价值的实现来体现其精神文化价值,因而,文化市场是文化产品经济效益和社会效益两者相结合的基本途径。文化产业在政府部门的宏观调控下,通过对文化产品思想内涵的把握和要求,去除危害社会的文化毒瘤和精神垃圾,针对消费者的实际需求给予指导和帮助,引导能被消费者选择、接受和认同的,具有启迪人的心灵、富有思想性和艺术性的高层次、高质量文化产品。特别是对文化层次较低的居民,以其产品蕴含的思想性、知识性及艺术性对居民产生积极的影响,以提升其消费层次和水平,进而引导城镇居民积极向上的、健康的文化消费方向发展。

# 第七章 新时期下乡村群众文化阵地建设
## ——以上饶市为例

## 第一节 乡村群众文化阵地建设的内涵及新时期要求

### 一、乡村公共文化服务和乡村群众文化阵地建设

要科学把握乡村群众文化阵地建设的内涵,开展好新时期的乡村文化阵地建设,首先需要理清群众文化事业与公共文化服务的关系以及乡村群众文化阵地建设与群众文化事业、公共文化服务之间的关系。

#### (一)群众文化事业与公共文化服务体系

群众文化事业是指群众文化活动以及为开展群众文化工作,组织、辅导和研究群众文化活动而设置的组织机构和文化设施,它是开展群众文化工作和群众文化活动的物质条件和组织保证。公共文化服务是指由公共部门或准公共部门共同生产和提供的,以满足社会成员基本文化需求为目的,着眼于全体公众的文化素质和文化生活水平,既给公众提供基本的精神文化享受,也维持社会生存与发展所必需的文化环境与条件的公共产品和服务行为的总称。公共文化服务体系主要包括群众文化事业公共图书馆事业、博物馆事业、美术馆事业、综合文化服务中心等诸多系统,从内容上来说,群众文化事业属于公共文化服务体系,内容相比而言主要集中在满足人民群众的文化艺术需求。国家发展群众文化事业,主要通过设立群众艺术馆、文化馆(站)等文化服务机构来满足人民群众对文化艺术生活的基本需求。

因此,根据本书对群众文化的定义,群众文化事业并不能满足群众对文化的所有需求,只有公共文化服务体系才能满足群众对文化的全方面需求。

**（二）乡村群众文化事业、乡村公共文化服务体系与乡村群众文化阵地建设**

乡村群众文化事业是指群众文化事业中面向乡村的部分,具体到乡村群众文化工作层面,即在乡镇街道设立综合性文化站,在乡村设立文化书屋,组织艺术骨干培训、传授传统文化技艺,组织送戏下乡、送电影下乡等系列乡村文化艺术活动。从所涉及的内容面上来看,乡村群众文化事业并不能满足乡村所有的群众文化需求,如农民群众对教育培训、体育休闲等的文化需求。因此,本书认为,乡村群众文化事业作为乡村公共文化服务体系的一个子系统,并不等于乡村群众文化阵地建设。

乡村公共文化服务体系是指公共文化服务体系面向农村的部分,具体到实际工作层面包括乡镇综合文化站、村(社区)综合文化服务中心、农家书屋等的建设和管理工作,还包括完善基层公共服务基础设施,组织开展农民群众文化活动,鼓励农民群众、企业、社会积极举办群众文化活动等。从乡村公共文化服务体系所涵盖的内容上来看,其与乡村群众文化阵地建设的内容较为一致,是乡村群众文化阵地建设的核心内容。

目前,关于乡村群众文化阵地建设的内涵,学界研究的较少,鲜有研究者就乡村群众文化阵地建设的内涵做出详细的论述。大部分研究者习惯将乡村群众文化阵地建设理解为乡村群众文化的场所和设施建设,即乡镇综合文化站建设、乡村的公共文化活动场地和设施建设等。但笔者认为,如果只是把乡村群众文化阵地建设简单地理解为场地和设施建设,而忽略了农民群众对文化活动需求这一核心原则,忽略了乡村群众文化的复杂性,那么乡村群众文化阵地建设就会变成重建轻管、背离群众需求的形式主义工作。正如张素英等在《略论推进新时代农村文化阵地建设》一文中所言:"新时代农村文化阵地建设的内涵绝不仅仅是场地(场所)及设施建设这么简单,而是包括政治导向思想引领时代精神、组织机构、人才培育、制度机制、优秀文化传承场地(场所)设施、实际效果、控制范围、作用及影响等方面在内的系统性建设工程,既需要长远规划、统一领导、认真组织,又要求突出地域特点、历史风貌、风土人情,充分体现积极、健康、奋斗、向上的新时代特征。可以说,张素英等敏锐地看到了乡村文化阵地建设的复杂性和系统性,意识到了要做好乡村文化阵地建设必须从思想引领、组织架构、人才队伍、体制机制、主体内容场地(场所)设施建设成效等多维度入手,才能构建出一个强而有效的文化阵地。相对而言,张素英等对农村文化阵地构建的看法是比较全面到位的,但他们依然存在一点不足之处,那就是他们依然只停留在政府层面来谈论农村的文化阵地建设,忽略了农民群众作为文化活动的创造者和享受者在农村文化阵地建设过程中的价值和作用,同时也忽略了社会组织和民营企业在推动农村文化阵地建设当中的作用。综合上述诸多要素,本书尝试着对乡村群众文化阵地建设做如下定义:乡村群众文化阵地建设是指以政府投入的公共文化服务体系为主,以尊重、发展和满足乡村群众文化需求为目的,充分发挥农民群众自办文化、社会企业民营文化等包括思想政治引领培育时代精神、完善组织机构、搭建人才队伍、完善制度机制、传承优秀文化、完善场地(场所)设施、确保建设成效等方面在内的系统性建设工程。在这一过程中不仅要综合考虑乡村群众文化建设涉及的诸多要素,还要积极发挥好政府、社会以及农民群众之间的良性互动,最关键的是要使农民群众的文化休闲活动既能满足农民群众自身对美好幸福生活的向往,又能实现国家对促进社会主义文化事业繁荣发展、乡村和谐治理以及乡村振兴等目标。

## 二、乡村群众文化阵地建设的新时期要求

乡村公共文化的建设"可以满足农民日益增长的文化生活需求,积极培育农民之间的新集体主义意识和互助合作精神,增强农村社区内聚力"。正因为乡村公共文化的建设有其重要价值,随着时代的更迭,新时期的中国对乡村群众文化阵地建设也提出了新要求,正如马克思曾说:"随着经济基础的变更,全部庞大的上层建筑也或慢或快地发生变革。"

### (一)以传承发扬中华民族优秀传统文化为核心

为了适应新时期乡村振兴的要求,中央多次发文对如何做好新时期农村群众文化阵地建设提出了指导意见,如中共中央办公厅、国务院办公厅印发的《关于实施中华优秀传统文化传承发展工程的意见》提出:"坚持辩证唯物主义和历史唯物主义,秉持客观、科学、礼敬的态度,取其精华、去其糟粕,扬弃继承、转化创新,不复古泥古,不简单否定,不断赋予新的时代内涵和现代表达形式,不断补充、拓展(完善,使中华民族最基本的文化基因与当代文化相适应、与现代社会相协调。"该文件对新时期乡村群众

文化阵地建设该如何传承好中华民族优秀传统文化提供了指导性意见。

**（二）积极培育和践行社会主义核心价值观**

2018年9月，中央农村工作领导小组办公室颁布的《乡村振兴战略规划（2018年—2022年）》提出："坚持以社会主义核心价值观为引领，以传承发展中华优秀传统文化为核心，以乡村公共文化服务体系建设为载体，培育文明乡风、良好家风、淳朴民风，推动乡村文化振兴，建设邻里守望、诚信重礼、勤俭节约的文明乡村。"该规划明确提出要坚持以社会主义核心价值观为乡村文化振兴的引领。2019年中共中央办公厅、国务院办公厅印发的《关于加强和改进乡村治理的指导意见》中再次强调积极培育和践行社会主义核心价值观，坚持教育引导、实践养成、制度保障三管齐下，推动社会主义核心价值观落细落小落实，融入文明公约、村规民约、家规家训。各乡村通过新时代文明实践中心、农民夜校等渠道，组织农民群众学习习近平新时代中国特色社会主义思想，广泛开展中国特色社会主义和实现中华民族伟大复兴的中国梦宣传教育，用中国特色社会主义文化、社会主义思想道德牢牢占领农村思想文化阵地；完善乡村信用体系，增强农民群众诚信意识；推动农村学雷锋志愿服务制度化、常态化；加强农村未成年人思想道德建设。

**（三）实施乡风文明培育行动**

我国拟通过乡村群众文化阵地建设，弘扬崇德向善、扶危济困、扶弱助残等传统美德，培育淳朴民风；开展好家风建设，传承传播优良家训；全面推行移风易俗，整治农村婚丧大操大办、高额彩礼、铺张浪费、厚葬薄养等不良习俗；破除丧葬陋习，树立殡葬新风，推广与保护耕地相适应、与现代文明相协调的殡葬习俗；加强村规民约建设，强化党组织领导和把关，实现村规民约行政村全覆盖；依靠群众因地制宜制定村规民约，提倡把喜事新办、丧事简办、弘扬孝道、尊老爱幼、扶残助残、和谐敦睦等内容纳入村规民约；以法律法规为依据，规范完善村规民约，确保制定过程、条文内容合法合规，防止一部分人侵害另一部分人的权益；建立健全村规民约监督和奖惩机制，注重运用舆论和道德力量促进村规民约有效实施，对违背村规民约的，在符合法律法规前提下运用自治组织的方式进行合情合理的规劝、约束；发挥红白理事会等组织作用，鼓励地方对农村党员干部等行使公权力的人员,建立婚丧事宜报备制度,加强纪律约束。[①]

### (四)发挥道德模范引领作用

深入实施公民道德建设工程,加强社会公德、职业道德、家庭美德和个人品德教育。大力开展文明村镇、农村文明家庭、星级文明户、五好家庭等创建活动,广泛开展农村道德模范、最美邻里、身边好人、新时代好少年、寻找最美家庭等评选活动,开展乡风评议,弘扬道德新风。

### (五)加强农村文化引领

加强基层文化产品供给、文化阵地建设、文化活动开展和文化人才培养。传承发展农村优秀传统文化,加强传统村落保护。结合传统节日、民间特色节庆、农民丰收节等,因地制宜广泛开展乡村文化体育活动。加快乡村文化资源数字化,让农民共享城乡优质文化资源。挖掘文化内涵,培育乡村特色文化产业,助推乡村旅游高质量发展。加强农村演出市场管理,营造健康向上的文化环境。

### (六)做好乡村群众文化数字化工作

当今世界是信息化时代,我们已经步入了5G时代,因此乡村群众文化阵地建设工作要与时代紧密结合,引入数字化的工作思维和方式,完善乡村群众文化工作的数字化设备建设,引导人民群众通过数字化渠道满足自身的精神文化需求。通过完善群众文化活动的数字平台(如完善网上图书馆、电子阅览室等),可以缩短城乡差距,丰富农民群众文化休闲娱乐方式,提升农民群众文化休闲生活品质。

## 第二节 上饶市乡村群众文化阵地建设现状

### 一、乡村群众文化阵地建设队伍现状

#### (一)上饶市专职文化队伍建设情况

1.乡镇文化工作人员配备的政策规定

2016年上饶市委办公厅、市政府办公厅印发的《关于加快构建现代公

---

①王岭.村级文化礼堂内涵建设初探[J].大众文艺,2013(21):9.

共文化服务体系的实施细则》规定,在现有编制总量内,落实每个乡镇(街道)综合文化站(中心)编制配备不少于1至2名的要求,规模较大的乡镇(街道)适量增加,由县级文化行政部门统一管理,确保专职专用。上饶市2017年印发的《关于全市开发基层公共文化服务建设实施方案的通知》规定,政府购买村(社区)综合文化服务中心公益岗位每村(社区)不少于1名宣传文化管理员(文化辅导员),明确宣传文化管理员主要职责为:负责农村的宣传文化工作,管理和维护农村(社区)公共文化设施、设备,开展文体活动、文物保护信息报送等工作。文件规定,文化宣传员的招聘对象为:各类就业困难人员、离校1年内未就业的高校毕业生建档立卡农村贫困劳动力。招聘人员学历为初中以上文化程度。就业困难人员主要包括:登记失业人员中符合"4050"(女年满40周岁,男年满50周岁)年龄条件的人员、零就业家庭(法定劳动年龄内的家庭成员均处于失业状态的城镇居民家庭)成员、符合相关条件的残疾人、享受城市居民最低生活保障人员、因承包土地被征用而失去土地的人员。符合条件的人员通过招聘程序后,用人单位(乡镇、街道)应依法与其签订一年以上劳动合同,并按时足额发放工资,工资待遇不得低于当地最低工资标准。

2.针对文化宣传员的补贴政策

对基层公共文化服务机构招用符合条件的就业困难人员、离校1年内未就业的高校毕业生、建档立卡农村贫困劳动力,并与之签订一年以上劳动合同的,可按政策给予每个村(社区)综合文化服务中心1人~2人的公益性岗位补贴;城市社区公共文化服务公益性岗位补贴标准每人每月原则上不高于所在县(市、区)最低工资标准的70%;行政村公共文化服务机构公益性岗位补贴标准每人每月原则上不高于所在县(市、区)农民人均纯收入的70%。补贴期限与劳动合同最长不超过3年。各地公共文化服务机构公益性岗位补贴资金从当地就业专项资金中统筹安排,按照"先发后补"的原则进行工资发放,即先发工资后发补贴。

3.上饶市村(社区)综合文化服务中心"宣传文化员"基本职责

上饶市现代公共文化服务体系建设工作领导小组办公室对"宣传文化员"的基本职责做了如下界定:①宣传党和国家的法律法规、方针政策及各种重大会议精神;②"宣传文化员"建立"宣传文化微信群",自任群主,将全村每户主要成员纳入群内,及时发布信息,扩大宣传;③了解所在村

(社区)的基本情况,了解所在地(社区)的民风、民情和民俗情况,对当地文化历史进行梳理挖掘,收集和编制好村史馆资料;④了解当地群众的文化需求,制定出有针对性的文化活动计划;⑤对村(社区)的各种文化设施,如文化广场、宣传栏、体育健身器材、农家书屋、戏台、音响、电脑、文艺器具、投影设备等进行有效管理、保护和使用,对老旧破损的文化设施提出修缮意见;⑥主动对接好省、市、县、乡送来的如电影、演出、书籍等各种文化活动和文化产品,组织当地群众观看或参与;⑦组织当地村民开展各种文体活动,全年自办活动数量不少于6场(次),总活动数量不少于12场(次);⑧发现、引导、培养并举荐当地文艺人才;⑨发展一批村民志愿者,组织成立相关文艺协会;⑩以新村、新貌、新风为主题,积极主动地将各种文化营养移植到当地移风易俗工作中去。

目前,上饶市230多个乡镇不仅配齐配全了乡镇宣传委员,还积极鼓励"三支一扶"大学毕业生、大学生村官、志愿者等专兼职从事基层综合性文化服务中心管理工作。此外,全市依托专业优势,组成37个文艺小分队、图书小分队、电影小分队等深入基层,为广大农村群众开展送文艺、送图书馆、送电影等活动,逐步让农民告别"看书难、看戏难、看电影难"等问题。

4.上饶市基层公共文化服务设施管理人员的具体配备情况分析

(1)上饶市乡镇(街道、工业园区)综合文化站管理人员配备情况

总体上看,乡镇综合文化站管理人员的配备不错,除了部分县(市、区)新增已建或者新增抽检的文化站,基本上配有管理员,有些文化站还有多个编制并且配有多名管理员。虽然文化站的管理人员配备较齐,但是存在编制不健全的突出问题,如上饶市除了玉山县的3个文化站、弋阳县的1个文化站、横峰县的5个文化站、婺源县的2个文化站、德兴市的4个文化站、铅山县的1个文化站配有编制,其他所有文化站都没有专门编制。虽然这些文化站都另外安排了管理人员,但这些管理人员在缺编的情况下工作,一定程度上会影响工作积极性,不利于文化站功能的有效发挥。另外,由于没有编制,鄱阳、余干、铅山三县的文化站管理员处于兼职状态,鄱阳和余干两县的文化站站长大多由乡镇分管领导兼任,难以确保文化站管理员专职专岗,不利于乡镇公共文化服务工作的开展。

（2）村（社区）综合文化服务中心宣传文化园配备情况

截至2018年年初，上饶市2747个村（社区）综合文化服务中心的管理员岗位已经购买到位2340个，完成比例为85.18%。具体为：广丰区、弋阳县、横峰县、鄱阳县、余干县、万年县、三清山管委会全部完成任务，上饶县完成98.18%，婺源县完成93.40%，玉山县完成56.05%，德兴市完成50.00%，信州区完成33.08%，铅山县完成31.00%，市经开区未启动。其中，鄱阳县宣传文化员的入口关把得紧、培训关搞得活、管理关抓得实、考核关定得严，所招用的宣传文化员整体素质较高，文化水平不低，大多具有艺术特长，杜绝兼职现象，值得其他县（市、区）学习借鉴。[1]

（3）农家书屋管理员配备情况

"十二五"期间，上饶市基本建齐农家书屋，目前共有2493个，当前的主要任务是强化内部管理和创新服务方式。在人员配备上，除玉山县配备比例只有59.33%，其他县（市、区）基本配备到位。目前，全市的农家书屋管理人员主要存在如下问题：第一，基本上以残疾人为主，行动不便，无法为村民提供相应的借阅服务；第二，管理人员的文化水平偏低，大多数残疾人为小学学历，甚至是文盲，根本无法对接，"铁将军把门"和"僵尸书屋"现象一定程度上存在。

5.上饶市群众文化工作人才培训情况

我市一方面积极组织开展对市本土艺术人才、社会群众的辅导培训，如全市农村文化培训工程文化馆（站）长暨串堂班业务骨干培训班，专业干部深入上饶老年大学、上饶师范学院、上饶预备役部队、晶科能源公司、市逸夫小学、市十一小市十三小、市三保、区森林公安局、沙溪镇妇联、民间文艺协会等机关、企事业单位、社会团体、民间文艺团体免费开展赣剧、鄱阳大鼓、声乐、合唱、钢琴、戏剧、芭蕾舞、民族舞、少儿舞蹈等艺术形式的辅导培训；一方面努力输送业务干部外出进修，如到中国戏曲学院进修10人。同时，我市积极地从社会上招募"文化志愿者"，有个人，有团体，有音乐学院毕业的高才生，有广播、电视台的主持人，有县市区的文艺专业干部，也有70多支社区文艺表演队伍。

---

[1] 朱玲玲，陈奕彤."乡村振兴"战略视域下乡村文化建设的现状研究[J].山西青年，2019（20）：286.

### （二）上饶市文化志愿者队伍建设情况

上饶市人民政府办公厅印发的《推进全市基层公共文化服务设施建设实施方案》规定,推广文化体育志愿服务,广泛吸纳热心公益事业、具有文体技能的团队和人士加入志愿者队伍。上饶市文化馆招募并正式注册的文化志愿者已有120余人,文化志愿者所学的专业有舞蹈、声乐、器乐、戏曲、美术、书法、摄影等。文化馆根据文化志愿者不同的专业,开展辅导、培训,引导他们向专业化进步。同时,上饶市文化馆把文化志愿者有序下派至十二个县(市、区),开展县、乡两级文化专业人员队伍辅导,深入基层、群众开展文化业务培训、文化帮扶等活动,促进乡村文化队伍发展壮大。2018年6月,文化志愿者深入各县(市、区)开展"千里寻你,大美上饶"原创广场舞辅导,活动实行市、县、乡、村四级联动机制,以层层培训、全面开花的形式推广,全市近5万余人参与此项活动。此项以农民为主体参与的原创广场舞活动受到央视《新闻联播》、人民网、新华社等媒体的深度报道,此项文化赛事将深入持久开展下去,以创建我市群众文化的强劲品牌,用良好的文化氛围来推动乡村移风易俗,树立文明新风。与此同时,各县(市、区)也成立文化志愿者队伍,志愿者有3700余名,他们深入乡村和村民一起开展文化活动:鄱阳县文化志愿者协同全县40余支文化协会开展活动150余场;万年县已形成40名文化特派员的指导队伍、320人的文化志愿者队伍,他们常年走村入户指导村民开展活动,成立的"红万年合唱艺术团"全年开展大型活动6场,走进村(社区)开展活动12场,已成为全市文化志愿者队伍的响亮品牌;余干县成立文化艺术协会50余个,同时发动农民开展了"种文化"活动,改变农民从前仅是当看客的习惯,鼓励大家争当农村舞台上的主角;瑞洪镇神埠村农民搬走菩萨庙成立农民剧团,使全村形成了"无日不演戏,无处不演戏,镇上有舞台,村村闻锣鼓"的景象,同时吸引社会资金数十万元举办了"击鼓迎春""全县首届青年农民歌手赛""上城杯和谐农村摄影大奖赛""全县广场舞大赛"等大型农村文化活动,观众达40万人次。

### （三）本土戏曲人才队伍的培养情况

上饶市优秀传统戏曲资源丰富,为了培养本土戏曲人才,建立人才队伍传帮带平台,实现资源的有效转化和对接,鼓励老中青艺术家担当"文化志愿者",江西省著名赣剧表演名家胡瑞华、张星斗等老师在鄱阳举行

"拜师收徒"仪式,门下已有60多位学员。传帮带激发了上饶本土戏曲人才发展的活力,全市以不同的形式开展了戏曲人才培养活动。

**(四)县省开展试点,举办"走进经典,戏韵校园——赣剧传承"系列活动**

上饶市逸夫小学被定为赣剧传承基地,学校在低年级专门设置了赣剧教学课程,按照学习与欣赏相结合的原则,注重教学方式与学习方式的多样化,将戏剧学习和经典名段欣赏结合起来,加强特长学生和有浓厚兴趣学生的培养和训练。弋阳县在广泛开展"戏曲进校园"活动的同时,注重培养新一代弋阳腔人才。经弋阳腔艺术保护中心选拔,在弋阳二小挑选出30个苗子,由弋阳腔省级传承人、2013年已74岁的弋阳腔剧团退休演员林西怀老师及剧团一些青年演员授课,每周开设两节弋阳腔戏曲课程,免费对学生进行弋阳腔戏曲唱、做、念、打等基本功训练,并以汇报演出的形式展示"弋阳腔进校园"的成果。教师重点培育,推动徽剧可持续发展。婺源县从全县中小学中分两批选拔招人了32名小学员,专程赴徽剧的发源地安徽(安徽艺术职业学院)学习徽剧艺术,学制5年,学历大专。这32名小学员在安徽艺术职业学院老师的精心培养下,在县文广新局和徽剧传习所的支持和重视下,在戏曲艺术上崭露头角。经过学员5年的辛勤努力,这批毕业学员一共学习并熟练掌握了十多出传统徽剧折子戏和一出徽剧大戏《白蛇传》。老百姓都说:"看到这批小不点儿在台上认真较劲、有板有眼的样子,婺源的徽剧又活了。"婺源县还组建成立了徽剧校园兴趣小组,聘请项目代表性传承人、专业艺人利用周末时间开展技艺传授培训,现已累计成立"徽剧进校园"兴趣小组10个,培训学生达400余人,投入宣传品制作、培训服装、道具购置、传承人授课补助以及组织开展各类宣传活动等的资金40余万元。

**二、乡村群众文化活动组织现状**

上饶市的乡村群众文化活动主要由官方组织和群众自办活动两种方式进行,组织单位主要由人民政府、文化馆、文化站、文广新局、县委宣传部、旅游公司、村委会、朱子研究所、民间自发组织等发起,活动方式主要围绕送文化下乡、传统民俗节日、文旅活动、红色文化传承、农耕文化传承等开展,活动内容丰富,形式多样,极大地丰富了乡村群众的文化娱乐生活。2016年,全市文化系统共送戏下乡演出2000余场次,参与群众100多万人次;农村自办文体活动共1200余场,参与群众30多万人次;共送电影下乡39200多场;直播卫星"户户通"工程全面开展,99%的群众可收听到广播,收看到电视节目。2017年1至10月,全市开展送戏下乡1112场、自办文体活动800余场。2018年送戏下乡2057场,群众自办文体活动2061场。2019年1至6月,全市共送戏下乡1046场,群众自办文体活动1163场。根据近年来上饶市乡村组织的群众文化活动的情况来看,上饶市乡村群众文化活动呈现出如下特点:

第一,送文化下乡群众文化活动开展状况良好。从数据上显示,上饶市每年送文化下乡活动开展状况良好,并且活动内容愈加丰富,主要包括:送戏下乡、送电影下乡、送图书下乡、消防安全意识朗读、昆虫展览、青少年国学经典图书推荐、十九大再宣传展、写送春联、串堂班演出、剪纸展览等,内容丰富多彩,既体现了对传统文化的传承,又能够紧贴时代发展要求。活动在开展形式上也丰富多彩,演出、展览、朗读等各种方式结合,极大地调动了农民群众参与的积极性。

第二,乡镇文化站等举办的群众文化活动以发扬和传承优秀传统民俗文化和技艺为主。如在春节、端午节、中秋节、国庆节、重阳节等重要的民俗节日期间,各地开展的群众文化活动主要有闹龙灯、元宵猜灯谜、德兴打扁担、端午节赛龙舟包粽子比赛、玉山首届农民丰收节暨横街茅楂会、中秋"拜月"、万年县贡米丰收开镰节中秋烧塔等。这些活动紧扣民俗节日,受众广泛,不仅能有效吸引农民群众积极参与,同时也能够进一步复兴、传承优秀的传统文化和民俗技艺。据笔者所知,上述许多民俗群众文化活动曾经很多年都没有在民间举办过了。

近年来,上饶市在这方面做了许多工作,使得许多优秀的传统文化和民俗技艺重新活跃在农民们的日常生活之中,不仅丰富了农民们的休闲娱乐生活,传承了优秀的传统文化和民俗技艺,更能让农村在快速城镇化过程中保留住农村的本色和乡愁。诸如此类的乡村群众文化活动值得提倡。

第三,乡村群众文化活动体现出创新性。相比过去传统的送文化下乡和农村的民俗文化活动,乡村的群众文化活动日益体现出创新性特点,活动方式更加新颖,内容更加丰富,质量更加上乘,农民们的参与程度更高。如近年来乡村群众的广场舞大赛兴致热度不减,农村春晚更是精彩纷呈,另外还有农民丰收节文艺演出、周末篝火晚会、绿色殡葬改革宣传活动、港边红薯节、农耕运动会、"丰收中国婺源瑶湾"稻香音乐（演唱）会、"朱子讲堂"开讲活动、上山下乡知青开展"感恩年代，忆苦思甜"联谊活动等。诸如此类的群众文化活动不仅使农民群众紧跟时代潮流，同时也能提升他们的综合素质和精神文化层次，带动农村乡风文明建设。

第四，乡村旅游的兴旺助推乡村群众活动的开展。通过各地上报的乡村群众文化活动统计报表可以发现，许多地方政府和旅游公司为了推动当地乡村旅游经济的发展，提升乡村旅游品牌的知名度和吸引力，策划了一系列高质量的乡村群众文化活动。如铅山县武夷山镇仙山岭举办了第二届河红茶文化旅游节，婺源县篁岭举办"秋意浓星空朗读"活动，婺源县瑶湾举办"丰收中国·婺源瑶湾"稻香音乐（演唱）会。各地举办的葡萄采摘节荷花音乐节、油菜花节、长桌宴、农民运动会等都是以推动旅游经济为目的开展的农村群众文化活动，不仅丰富了农民的娱乐休闲生活，加强了城乡居民的情感联系，更促进了农村的经济发展。

第五，市县级群众文化活动举办的形式较农村要更丰富一些。通过对比上饶市历年统计的群众文化活动开展报表来看，由政府公共部门组织开展的群众文化活动较农村的要更丰富一些，举办地点多位于市县级的图书馆、文化馆、广场、学校、公园等地。这一方面是因为市县级举办群众文化互动的硬件设施较为完善、人才资源较为丰富，易于组织文化活动；另一方面是因为乡镇村方面的群众文化活动较难统计，公共基础硬件设施相对较为落后，对于文化水平要求较高的群众文化活动农民群众的参与热情较低等。

# 第三节 当前上饶市有效的乡村群众文化活动案例

## 一、广场舞极大繁荣了农村群众的文化生活

广场舞作为近年来最流行的休闲活动之一，它不仅能使人的心情舒畅，减轻情绪压力，而且能够锻炼身体，对健康有益，成为人们日常休闲的首选。广场舞除了容纳悠久的历史和文明，还蕴含着现代元素，增强了吸

引力,对促进社会发展和群众文化建设具有重要作用。广场舞可以提高民众的文化素养及生活品位,具有群众文化的导向作用,可以丰富广大群众的业余生活。广场舞是极具中国特色的市民文化活动。新时代不断满足人民日益增长的美好生活需要,需把广场舞活动打造成文化惠民的新阵地、文化共建共享的新载体,让更多传统民间艺术融入广场舞,让广场舞文化和蓬勃发展的休闲旅游有机结合,让广场舞成为乡村振兴"加油站",使广场舞在新时代舞出新风采。

徐月萍等认为,广场舞带给乡村的变化是显而易见的。跳舞的人多了,看热闹的人多了,走出家门锻炼的人多了,打牌的、赌博的人就少了;人们都乐于跳舞健身,说是道非、家长里短的闲聊就少了,邻里之间的纠纷就少了;人们在歌舞中其乐融融,陶冶了情操,提高了文明素养,邻里关系更加融洽,质朴乡情也得到了彰显。广场舞已经成为构建和谐社会、提高农民群众幸福指数的重要途径。广场舞健身活动是群众文化建设的重要组成部分,承担着乡村社会公共文化服务和传承弘扬优秀传统文化的重任。一方面,广场舞健身活动作为一种休闲文化活动形式,丰富了村民的精神文化生活,也满足了大多数村民的基本公共文化服务诉求;另一方面,广场舞健身活动引领和弘扬着健康积极、向上的社会风尚,其所产生的正面的社会文化效应,促进了乡村的群众文化建设,有利于构建文明乡风,助力乡村振兴。

近年来,上饶市相关部门积极倾听群众呼声,采取有力措施,不断引导全市广场舞活动向纵深发展,既丰富了广大市民的业余文化生活,又有效地传承了当地优秀的传统文化,提升了农村群众的文化生活质量。

案例:上饶创新推动广场舞蓬勃发展

为庆祝改革开放40周年,积极营造团结奋进、喜庆祥和的氛围,2018年8月18日下午,全国广场舞展演活动上饶基层展演专场在上饶市民公园举办。伴着优美的歌声,合着欢快的节拍,来自上饶市社区和农村的27支舞蹈队、500余名队员满怀激情,笑容洋溢,越跳越带劲儿,越舞越精彩,充分展现了新时代上饶人民群众的获得感、幸福感。

此次展演活动由中共上饶市委宣传部、上饶市文化广电新闻出版局、上饶市体育局、上饶市文学艺术界联合会主办,上饶市文化馆、上饶市舞蹈家协会、上饶市广场舞运动协会承办的。上饶市基层展演活动是全国广场舞展演活动的一项子活动。此次基层广场舞展演不管是广场舞蹈的种类、活动形式,还是群众的参与度以及社会的关注度、政府部门的重视度,都是前所未有的。近年来,上饶市委、市政府高度重视广场舞推广工作,2017年以来,上饶市各级政府及相关部门投入100余万元用于推广广场舞。这些资金主要用于培训、组织比赛等,培养了舞蹈骨干,搭建了活动舞台,营造了良好氛围。同年,上饶市为进一步弘扬上饶文化,宣传上饶形象,全面展示上饶丰厚的历史文化底蕴和现代文明成果,提高上饶的知名度和美誉度,开展了"大美上饶好歌曲"征集活动,从近300首原创歌曲里,最后评选出20首优秀歌曲。市文化馆、市舞蹈家协会从这些上饶地域特色鲜明的歌曲中,选取了《千里寻你》《好一个高腔》等歌曲。这些歌曲融入了地域特色鲜明的弋阳腔元素,聘请专业舞蹈教师编排出接地气的广场舞并加以推广,编排了6个版本的广场舞节目。这些曲目具有浓郁的上饶地域特色,旋律优美、节奏明快、动作柔美,词曲又紧接地气,深受上饶城乡居民喜爱。群众在锻炼身体的同时,又陶冶了情操,还传播了传统文化。普及广场舞,培训是关键。上饶市在推进舞蹈培训工作时,结合实际、因地制宜,实行市、县、乡、村四级联动机制,层层培训、全面开花。2017年全年,市文化馆开展了12期广场舞培训,培训学员1000余人。仅2018年上半年,市文化馆就连续举办5期全市广场舞业务骨干培训班,来自全市各县、市、区文化馆的200余名舞蹈干部和部分文艺骨干参加了培训。同时,各县市区文化馆对乡镇文化站站长和业务人员进行培训,乡镇文化站则对村文化服务中心宣传文化员和广场舞领队进行培训,最终由广场舞领队把所学内容落实到舞蹈队队员。目前《千里寻你》经过推广,已成为上饶最火爆的"街舞"。下一步,市文化馆将进一步结合本地文化,推出更多原创广场舞蹈。

广场舞活动已经成为上饶最受群众欢迎的群众性娱乐文化活动,提升了该市广大人民群众的获得感和幸福感。广大群众用别具风采的亮丽舞姿展示时代新风貌新气象,展示上饶城乡居民健康文明、积极向上的精神风貌和时代风采。"广场舞"如今已成为上饶市群众文化工作和健身活动一个响亮的品牌。据初步统计经过市、县相关部门的共同努力,上饶市广场舞推广普及工作取得显著成绩。全市上下共组建了2560余支广场舞队伍,参与群众达到76万人。①

上饶市积极创新推动广场舞以传承优秀传统文化和丰富城乡居民的业余文化生活,上饶广场舞还亮相央视《新闻联播》。2018年8月23日,中央电视台《新闻联播》报道了湖北黄冈、江西上饶、云南楚雄三地广场舞展演活动盛况和广场舞传承地域文化工作。央视《新闻联播》在报道中说"广场舞舞出健康新风尚",对近年来上饶市积极引导广场舞发展,结合上饶地域特色创编接地气的广场舞,不断加以创新推广,宣传传承地域文化的做法给予肯定。

案例分析:

上饶在推动广场舞这项工作上之所以能够得到央视新闻和广大民众的认可,其一是因为广场舞本身是一项既健康又深受广大民众喜爱的娱乐健身活动,不仅适合妇女,更是老少皆宜,现在很多小孩子和老年男性也会加入广场舞活动中来,既丰富了大家的业余生活,又能够提升大家的身体素质,还能拉近民众之间的情感联系,使得邻里关系更加和谐;其二是因为上饶在推广广场舞的同时注重结合本土地域特色和优秀传统文化,使得广场舞曲既接地气,又能够传承优秀本土文化,这一做法值得各地学习借鉴;其三是因为上饶在推广广场舞时,从舞曲的选择到舞蹈的编排和培训上都下足功夫,其中曲目通过"大美上饶好歌曲"方式进行征集,既能够传承优秀地域特色文化,又能够对广大民众起到激励和引导的作用,而在舞蹈的编排上也聘请专业舞蹈教师编排出接地气的广场舞。

## 二、有组织的文化活动有效提升农民文化品位

乡村春晚,简称村晚,是指诞生在新农村的春节期间,义务为农民百姓打造的田间地头的春节联欢晚会。新农村公益村晚是新时期我国传统城市春晚文化在新农村的演变与创新,是立足于农村现实生活,伴随着传统民俗活动的继承与发展,结合农村地方文化特色与传统,由农民根据现实生活题材自编、自导、自演,在每年春节期间为庆祝农历新年而举办的全民参与的综艺性文艺联欢晚会。新农村公益村晚作为一种新型农村文化娱乐形式,受到了农民百姓的热烈欢迎和广泛认可,丰富了村民的节日生活,增强了节日的喜庆气氛,也丰富了村民们的精神文化生活,传播时尚

---

① 徐月萍,张建琴.乡村振兴背景下乡村群众文化阵地建设[M].南昌:江西高校出版社,2019.

文化知识,同时也能展现群众的精神面貌。乡村春晚的益处还在于"参与性",实现了中国乡土社会的一次"再动员",即村民自编、自唱、自演、自赏、自办,唱的是自己想的,演的是身边发生的;在于"真实性",不同于文人笔下田园牧歌式的抒发,表达出的都是乡亲邻里对自身生活的真实感受;在于"影响力",节目贯穿着传统美德与时代气息,在欢笑热闹中传播正能量,不仅陶冶情操、凝聚人心、振奋精神,更是深刻浸染着乡村的文化根脉和治理格局。

近年来,为了振兴乡村文化,提升农民的精神文化生活,乡村春晚、谷雨诗会、村民演唱会逐渐在上饶各地农村活跃起来,大大地丰富了农民群体的文化生活,起到了唱响主旋律、引导三观、构建和谐村民关系、拉近干群关系、传承优秀传统文化和红色文化的积极作用,受到了农民群众的喜爱。2019年春节期间,上饶部分乡村纷纷举办了乡村春晚活动,极大地丰富了农民春节期间的文化活动,让农民从过去大年三十的牌桌上走下来,从独家独院的房门里走了出来,乡亲们聚在一起热热闹闹地过大年。

案例:《田园欢歌》2018王家墩村晚

年味,每个村各有不同。2018年春节,紫阳镇王家墩村又进行了一场田园欢聚。水泥地是舞台,田园是背景,白墙是银幕,篝火是暖气,每个人都是演员,父老乡亲是观众,大伙是演员,这是一场童年伙伴再聚的狂欢,是农民们自己的草根春晚。本次乡土文艺演出共有21个节目,虽然没有时间彩排,没有专业的摄影师;但有专业音响、电脑投影等设备,还有伙伴们的童心和热情,2018年王家墩村晚如期成功举行。

虽然设施简陋,但是村民们都积极参与到此次春晚活动中来,各展绝活,唱歌跳舞、戏剧笛子独奏旗袍秀、走秀等一登台,这种草根春晚内容既接地气又健康,在自娱自乐的同时既丰富了大家的精神文化生活,又和谐了邻里关系,还让农民们从逢年过节必有的赌桌上离了席,非常值得推广。王家墩此次的春晚由村民施德顺、王进兴、王义民、施玉芳、石和姿、王红英、胡关玉、王秋梅、齐志高、施进忠、王天宇等进行赞助、支持、组织和服务,同时得到了太白镇、县森林公安以及王家墩村的支持。

案例分析:

从紫阳镇王家墩的乡村春晚可知,此次春晚主要是由村民自己出资、动员和组织起来的,镇村只是起一个支持服务的作用,所以硬件设备虽然很简陋,但村民们依然非常积极地参与了进来,并且乐在其中。于是,上牌桌的人减少了,排舞、练歌的人多了,独自在家蜗居看电视的人少了,走在一起讨论春晚、彩排节目、有说有笑的人多了,村民们之间的关系更加紧密了,整个村庄更加和谐了,乡风更加文明了。通过此案例可知,农民群体其实很需要既有组织又接地气的文化活动来丰富他们的精神文化生活,有时候农民群众业余文化生活单一、不健康,主要的原因就是缺乏内容丰富、健康的文化活动。从王家墩此次的春晚组织来看,农民们自己表演自己看,对硬件设备的要求其实不高,成本投入较低,但是起到的文化娱乐和教化引导效果是十分明显的,值得在广大农村地区推广。要组织好农村春晚,最关键的是本村要有能够牵头组织的人,如果本村的村民能够出面做好积极动员工作,把全村人的参与积极性调动起来,村两委以及镇政府再适时地加以扶持和引导,提供必要的帮助,则既能达到移风易俗、完善农村治理的目的,又能有效地丰富农民群体的业余精神文化生活。

## 第四节 完善乡村群众文化阵地建设的对策

### 一、健全乡村群众文化阵地的公共服务体系

#### (一)乡村群众文化阵地建设的相关政策法规

关于乡村群众文化阵地建设的政策法规体系是推动乡村群众文化阵地建设的基本遵循,既是蓝图,又是目标,更是考核标准。目前,我国关于乡村群众文化阵地建设的政策法规体系还不够健全,较为零散,成体系的指导文件较为缺乏,并未围绕乡村群众文化阵地建设这一核心出台专门成体系的政策法规。虽然国家对当前基层公共文化服务基础设施的建设标准有所明确,但是对于文化建设的经费投入、人才队伍的培养、基层文化工作岗位及编制的设定和监督考核等方面的相关规定还不够明确具体,大多只是一种方向性的规定,缺乏可操作性。由于相关政策法规体系不够健全,一方面导致基层文化工作人员在开展工作时缺乏明确遵循,对目标任务把握不清,工作开展程序难以规范;另一方面,也导致基层政府和文化工作人员对乡村群众文化阵地建设工作不够重视,乡村群众文化工作被边

缘化。为此,国家和各级政府应当针对乡村群众文化阵地建设出台成体系的政策法规文件,围绕基层公共文化服务设施的功能定位、运行方式、服务内容、人员管理、经费投入、绩效考核奖惩措施等重点环节,制定工作准则、工作人员名册、活动登记表服务规范等,健全标准体系和内部管理制度,形成长效机制,实现设施良性运转,中最重要的是通过完善政策法规来增加对乡村群众文化阵地建设工作的高位推动,为乡村群众文化阵地建设提供更多的政策和资金资源。

**(二)健全和利用好乡村公共文化服务基础设施**

1.健全乡村公共文化服务基础设施

通过调研和对比分析可以发现,部分农村地区的公共文化服务基础设施建设还不够健全,如乡镇文化站和村(社区)综合文化服务中心的建有率还未达到100%,设施配套齐全率偏低,文化活动场地建设面积不足,文化站和综合文化服务中心功能不健全以及功能难以有效发挥等问题较为突出,成为制约农民群众开展文化活动的重要因素。为此,要打造好乡村群众文化阵地,首先必须按照国家以及省市的相关规定,高质量健全以乡镇文化站和村(社区)综合文化服务中心为主的农村公共文化服务基础设施,根据各地的经济社会发展水平、人口分布、人民生产生活需要,按照均衡配置、规模适当、位置合理、经济适用、节能环保等要求和"一次规划、分步实施"的方式,对乡镇及村(社区)综合文化服务中心等文化服务设施进行合理规划布局。乡镇综合文化站重在完善、补缺、归位,对少数尚未建成的空白点进行补建;对建筑面积不达标又无法扩建的,应通过调整置换、搬迁等方式予以补充;对被挤占挪用的,应通过清退、调整、置换等方式促其达标。村(社区)综合文化服务中心主要通过盘活存量、调整置换、集中利用等方式进行建设,不提倡大拆大建,重复建设。建议依托行政村党组织活动场所、社区综合服务设施废弃厂房、农村祠堂、新建住宅小区公共服务配套设施以及其他城乡综合公共服务设施,在明确产权归属、保证服务接续的基础上进行整合建设,并配备相应器材设备。在建设过程中完善老年人、未成年人、残疾人、妇女群体等特殊人群服务设施设备。其次,随着农民群体对体育健身文化活动的热情越来越高,应当完善农村体育健身方面的公共文化基础设施,尽量配套诸如健康跑道、篮球场、乒乓球场、羽毛球场等健身设施。最后,政府可以通过购买服务的方式吸引企业等社会资本投入到乡村公共文化事业的发展中来,比如吸引一些企业在农村发展乡村旅游,兴办一些文化、体育赛事,开设健身馆、舞蹈班等来健全农村的公共文化服务基础设施。

### (三)充分利用好乡村公共文化服务基础设施

调研过程中,许多乡镇文化站工作人员反映许多农家书屋、乡镇文化站、村(社区)综合文化服务中心的功能并没有得到有效发挥,一方面造成了资源的极大浪费,另一方面又没能满足农民群众日益高涨的精神文化需求。因此,为了确保"用起来",应当做好如下几方面工作:

第一,由县、乡级人民政府根据自身财力和群众的文化需求每年制定详细的基础设施文化服务项目目录,重点围绕文艺演出、电影放送、文体活动、广播电视、读书看报、展览展示、教育培训等方面明确每年要开展的文化服务活动,确保公共文化服务设施得到有效利用。第二,整合基层公共文化资源。将分散在不同部门、功能单一、孤立的文化资源进行整合,达到化零为整、整体大于局部的效果。如可以村(社区)综合文化服务中心为核心,整合农家书屋、乡镇文化站、电子图书馆、阅览室、文化活动场所等资源,联合举办有组织性的群众文化活动,比如阅读研讨会、教育培训、谷雨诗会、舞蹈比赛等。第三,完善农家书屋的管理制度,对图书管理员进行业务培训,提高文化管理员的工资待遇,加强工作监督考核,确保农家书屋定时开放;定期更新农家书屋的书目,要根据农民群众的需求和爱好来提供书目;要引导和培养农民群众的阅读习惯,以农家书屋为载体,定期组织阅读活动、开设讲座等文化活动,既能有效发挥农家书屋的作用,又能激发农民群众的阅读兴趣,培养他们的阅读习惯,从而改善农民群众的业余文化生活习惯。第四,要向农民群体积极宣传乡镇文化站、村(社区)综合文化服务中心、农家书屋等文化设施的位置和功能,让农民群众对相关公共文化服务设施及其功能有充分的了解,便于他们合理使用。文化站工作人员可以召集农民开展专门的设备使用培训课,既能使公共文化服务设施得到充分利用,又能进一步引导农民群众的业余文化活动,让农民群众选择更加健康向上的文化活动,从而远离一些诸如打牌、打麻将等不健康的文化活动。其五,基层文化工作者应当利用已有的公共文化服务资源组织农民群众开展健康向上的群体性文化活动,丰富农民群众的业余文化生活。

### （四）多渠道保障乡村群众文化阵地建设的资金投入

在调研过程中,许多乡镇文化工作者反映经费不足是导致基层文化工作难以有效开展的重要制约因素,并且其他地区的学者也在研究中反复强调了在基层文化建设过程中的经费不足问题。因此,要强化乡村群众文化阵地建设,必须多渠道保障乡村群众文化阵地建设的资金投入,建立起"政府支持一点,企业资助一点,社会募集一点,文艺团体赚回一点,群众自筹一点"相结合的投融资体系,多方筹措资金。

### （五）健全乡村群众文化阵地的人才队伍建设机制

一要完善文化名家队伍培养机制,针对许多濒临灭亡的优秀传统文化,要实施文化传承人保护项目,对身怀绝技的优秀传统民间文化艺术者给予资金和政策扶持,鼓励其通过收徒、建立团队、开展培训等方式对优秀传统文化进行传承与发扬,为文化传承人开展优秀传统文化活动提供平台和资金扶持,鼓励文化传承人依托传统文化兴办文化产业。对于农民群体喜爱的文艺活动要配备优秀的文艺工作者进行教育培训,如农村非常缺乏广场舞的编排、二胡、锣鼓、笛子、棋艺、书法、美术、诗词等专业的文艺工作者,各级政府可以通过配备专职文艺工作人员、吸引文艺志愿者下基层等方式,对农民群众进行教育培训,提升农民群众的文化艺术水平,从而提升他们的业余文化生活质量和自身的综合文化素质。二要配齐基层文化专职人员,增强基层文化专职队伍。如根据规定,在现有编制总量内,要配齐乡镇文化站、农家书屋、村(社区)综合文化服务中心工作人员,完善岗位和编制设置,如政府购买村(社区)综合文化服务中心公益岗位每村(社区)不少于1名宣传文化管理员(文化辅导员)。鼓励"三支一扶"大学毕业生、大学生村官、志愿者等专兼职从事村(社区)综合文化服务中心管理服务工作。定期开展基层文化工作者培训工作,乡镇(街道)、村(社区)文化专兼职人员每年参加集中培训时间不少于5天。三要充分发挥文化志愿者的协助作用。文化志愿者队伍来自群众又能深入群众,他们工作充满热情,并且能积极调动广大农民群众的参与积极性,是专业文化队伍的有益补充,一方面能够充实文化工作的人才力量,另一方面能够有效解决政府财政经费和人力资源不足的困境。因此,要推广文化体育志愿服务,广泛吸纳热心公益事业、具有文体技能的团队和人士加入志愿者队伍,结合基层文化人才队伍需求,鼓励和引导优秀文化人才向基层一线流动,政府要适时将一些优秀的文化爱好者组织起来,鼓励和扶持他们去开展各项文化活动,并且对他们进行一定的管理和引导。四要加强文化人才培训工作。目前,基层文化站综合文化服务中心以及农家书屋的文化工作人员的综合文化素养相对较低,自身较为缺乏文艺特长,又缺乏充分利用已有文化服务设施举办活动的积极性、创新性和综合能力。因此,各级政府要多开展对基层文化工作者的培训工作,使他们成为推动乡村群众文化阵地建设的核心力量。同时,对于文化志愿者队伍、农民文化艺术领头人也要积极开展培训和给予引导,既要提升他们的文化技能和综合文化素养,更要提升他们的政治素养,从而起到既弘扬乡村群众文化活动的政治主旋律的作用,又能积极调动农民群众参与业余文化活动的积极性,满足广大农民群体的精神文化需求。五要健全人才评价和激励机制。对于基层文化工作者也要完善相应的评价和激励机制,如加强对乡镇基层文化工作者的监督考核和激励,一方面能够激发他们主动利用乡村文化基础设施为农民群体服务的积极性,另一方面也能够有效遏制他们的懒政怠政行为,从而提升基层文化服务工作的质量。

## 二、充分发扬农民群体建设文化阵地的积极性

### (一)乡村群众文化阵地建设要与农民群体的文化需求相结合

乡村群众文化阵地建设的目的是满足农民群体的精神文化需求,因此要调动农民群体参与文化活动的积极性,就应该以农民群体的文化需求为导向来打造乡村群众文化阵地,在村(社区)党组织的领导下,发挥村委会和群众自治组织作用,引导农民积极参与村综合文化服务中心的建设使用,加强群众自主管理和自我服务。健全民意表达机制,依托村民代表会议和村民小组会议等,开展形式多样的民主协商,对村综合文化服务中心建设发展的重要事项,充分听取群众意见建议,保证过程公开透明,接受群众监督。首先,在乡村公共文化基础设施的建设上,要以农民群体的实际需求来确定建设项目,进行合理规划和布局,针对老年群体、未成年群体妇女群体、残疾人群体等不同群体提供有针对性的文化服务设施。比如当前农村老年活动场所不足、文化活动广场不足、体育健身设施不足、未成年文化娱乐场所设施不足、农家书屋书目不合理等问题较为突出,为了有效调动农民群体参与文化活动的积极性,就应当以农民群体的实际需求

配齐文化服务基础设施。其次,以农民群体的实际需求为导向确定农村公共文化服务项目,根据各级政府出台的基本服务项目目录设置公共文化服务"菜单",开展"订单式"服务,提升服务效能。如可以在民意征求的基础上确定送戏下乡、送电影下乡、农家书屋书目配送等文化服务的具体内容和数量,从而提高公共文化服务的质量和农民的参与性。再次,要创新性地开展形式新颖、内容丰富的文化活动,吸引农民群众积极参与。农民群体是相对保守和被动的群体,自身组织参与文化活动的积极性不高,因此需要被引导和被激励。如充分利用节庆假日和群众集会,组织文艺演出团队创作和表演一系列贴近农村实际、趣味性强、群众广泛参与的文艺活动,如举办农民运动会、乡村春晚、谷雨诗会等贴近农村实际与农民生活的趣味性文化活动,可以有效地激发农民群体的参与积极性。最后,通过发展文化产业的方式来激发农民群众参与文化活动的积极性,比如婺源的油纸伞、婺源三雕等文化产业的兴盛,使得农民群众既能充分参与到文化活动中去,又能获得实实在在的经济效益。或者通过文化活动和乡村旅游相结合的方式,为农民群众的文化活动附加上经济价值,从而激发农民群众参与文化活动的积极性。

**(二)乡村群众文化阵地建设需要将农民群体组织起来**

将农民群众组织起来是有效激发农民群众参与文化活动积极性的有效方式,如鄱阳县枧田街乡的舞蹈协会组织就是一个十分成功的案例。为此,可以通过培育和扶持群众文化团体,兴办读书社、书画社、乡村文艺俱乐部,组建演出团体、民间文艺社团健身团队以及个体放映队等,结合重要节假日、重大节庆活动组织开展各类文体活动。将农民群体组织起来,既可以有效发挥群体对个人的激励和引导作用,又能有效发挥农民群体自身的主动性和能动性,还能提高农民群众文化活动的针对性和吸引力。各级政府要对这些农民群体组织给了一定的政策、资金技术扶持,还要适时对他们进行教育培训,确保他们能为乡村群众文化阵地建设所用,为乡村文化振兴和新农村建设贡献自己的力量。[①]

**(三)乡村群众文化阵地建设要激发农民群体的主观能动性**

在推动乡村群众文化阵地建设的过程中,要激发农民群体的主观能动

①许雅. 完善乡村治理推动美丽乡村建设的对策[J]. 乡村科技,2020(23):41-42.

性,多鼓励农民群体自发组织各类内容积极健康、形式丰富又有活力的群众文化活动,政府部门可以从旁提供协助。如结合春节、庙会等节庆活动,鼓励农民群体根据地方民俗特色兴办群体性文化活动,将新时代的政治主旋律社会主义核心价值观、道德、法治等精神融入农民自办的文化当中去,通过农民自己举办文化活动来达到化民成风提升乡风文明,最终实现农村善治的作用。各级政府可以鼓励农民多兴办乡村晚会、庙会、美食文化节、好媳妇厨艺大赛、好婆媳才艺大赛等属于农民群体自己的文化活动,充分激发农民群体的主体积极性,让农民群众决定自己的文化活动内容和形式,从而使得农民群众的文化活动能够深入农民群众的内心,真正起到文化润心的作用。

### 三、乡村群众文化阵地建设需要加强对各级文化馆站进行管理考核

首先,要明确政府职责,不得侵占、挪用农村公共文化设施,不得擅自改变其用途或妨碍其正常使用,更不得对其擅自拆除。其次,要建立对农村文化服务设施的督导抽查机制,定期核查工作台账,做好农村文化设施的日常监测工作,巡查重点服务项目和活动。最后,要在干部考察范围中设置农村文化建设指标,将农村文化遗产保护、农村文化设施建设、农村文化投入多少等作为考评指标,激发干部的文化自觉,加强其服务管理意识。

### 四、乡村群众文化阵地建设要与经济社会发展相融合

#### (一)乡村群众文化阵地建设要与乡村旅游经济发展相融合

乡村群众文化阵地建设要做到投入与创收相结合,如果仅仅依靠政府财政投入,乡村群众文化阵地建设只能做到保基本,难以实现繁荣农村经济社会发展的强大功效。因此,乡村群众文化阵地建设要与乡村经济社会发展相融合,如乡村文化发展与乡村旅游发展相融合是推动乡村群众文化阵地建设的有效途径。事实表明,在深入推动乡村旅游发展的过程中,乡村群众文化工作得到了极大的推动和繁荣,如传统民俗节目表演、节庆假日的文艺演出、农民运动会、马拉松体育赛事、农村长桌宴、水果蔬菜采摘、割稻种稻体验、四季花海等乡村文化旅游项目极大地繁荣了农村群众文化生活,也间接地完善了农村各公共文化基础设施建设。为了能够吸引

游客,发展乡村旅游的农村地区会非常注重对村民综合文化素养的提升,如制定村规民约来约束村民的行为、定期举办有利于提升农民文化素养的文化活动,如好婆媳评选大赛、五好家庭评选农民厨艺大赛、乡村春晚等,在推动地方旅游经济发展的同时,也能很好地营造农村的文化氛围,从而提升农村群众文化阵地的建设质量。

### (二)乡村群众文化阵地建设要与乡村文化产业发展相融合

文化产业化发展为文化事业的发展注入活力和灵魂,在推动乡村群众文化阵地建设的过程中,对于具有市场前景的文化项目可以进行挖掘和创新,从而进行产业化的运营。比如在保护和传承农村美食文化的同时,可以发展美食产业,给当地独具特色的美食设立品牌,通过乡村旅游、品牌宣传、网络销售、美食文化节等方式将地方特有的美食进行推介,这样不仅有利于中华传统美食文化的传承,还能为农民群体带来经济创收,同时制作美食的过程也是一种有益于身心健康的文化娱乐活动。甚至可以将美食制作的过程开发成文化体验项目,变成文化体验经济,使得农民群体在开展文化娱乐活动的同时就能实现经济创收。

### (三)乡村群众文化阵地建设要以社会发展需求变化为导向

乡村群众文化阵地建设要紧跟经济时代发展变化节奏,随着农村社会对文化需求的转变适时调整农村公共文化服务的内容。如当前农民群体对于体育健身设施的需求度远高于农家书屋,那么文化部门、村两委以及各级党委政府应当重点围绕满足农民群体对于体育健身的文化需求来完善文化服务设施和举办文化娱乐活动。除此之外,农村的老龄化日益严重,因此在农村的乡村群众文化阵地建设过程中要对服务和满足农村老年群体的文化娱乐活动方面多加倾斜和投入,加快完善农村老年活动中心的场所配件,配备为农村老年群体提供文化服务的专兼职人员,多组织一些适宜农村老年群体的文化娱乐活动。对于农村留守儿童现象较为严重的情况,也要针对留守儿童的实际需求完善和配建文化服务设施,多组织农村留守儿童开展阅读、学习、健身、文艺演出等健康的文化娱乐活动,满足他们对亲情和关爱的需求,在价值观形成的关键期通过多举办健康向上的文化活动来引导留守儿童建立正确的世界观、价值观和人生观。对于农村妇女群体要多鼓励她们参加跳舞健身等健康有益的文化活动,修建好舞蹈广场,配齐音响设备,为她们安排文艺指导老师,提升她们的文化艺术本领,想办法让她们逐渐舍弃打牌、打麻将等不健康的文化娱乐活动。随着电子信息技术的快速发展,在乡村群众文化阵地建设过程中也要加大对农村文化发展的电子信息技术方面的投入,比如加大对电子阅览室、电子图书馆、音响设备、电子大屏幕、光纤网络的覆盖和速率的提升等方面的经费投入。

# 第八章 新媒体时代下的群众文化建设

## 第一节 与时俱进,利用新媒体开展群众工作

### 一、群众文化是推动社会主义文化繁荣发展的基础力量

当今世界科技信息飞速发展,以互联网、手机等为代表的新媒体技术日益成为人们学习、生活、工作的重要载体,在很大程度上也改变了人们传统的生活、生产、交流、学习等方式,这也对群众文化工作发展提出了新的更高的要求。新时期,面对新形势、新任务、新要求,如何更好地发挥好新媒体的积极作用,完善群众文化网络信息平台建设,对于提高群众文化建设的针对性和实效性,提升群众文化的吸引力和感染力,推动社会主义先进文化的发展具有重要作用。

#### (一)充分认识群众文化建设的重要性

文化是民族凝聚力、向心力和创造力的重要源泉。党的十八届三中全会提出,建设社会主义文化强国,必须坚持社会主义先进文化前进方向,坚持中国特色社会主义文化发展道路,坚持以人民为中心的工作导向,进一步深化文化体制改革,为推进社会主义文化发展提供了重要方针、指明了前进方向。群众文化是推动社会主义文化繁荣发展的基础,群众文化阵地建设是开展群众文化活动、传播先进文化的载体。深入推进文化惠民、文化利民工程,是群众文化工作的出发点和落脚点,是构建社会主义和谐文化的重要基础。因此,加强群众文化建设,既是丰富广大人民群众文化生活、构建社会主义和谐社会、促进经济社会发展的重要举措,也是推动社会主义文艺大发展大繁荣、实现中华民族伟大复兴的重要保障。

#### (二)深刻分析群众文化建设的基本现状

历年来,党和国家高度重视群众文化建设,在各级党委、政府的关心支

持下,广大群众文化工作者自觉响应时代和人民的召唤,以昂扬的精神状态、积极的工作热情,通过不同形式,广泛深入歌颂国家、民族和人民的伟大实践,群众文化工作呈现出了百花竞放、异彩纷呈的良好局面,群众文化创作更加积极,群众文化队伍更加意气风发,文化惠民活动蓬勃开展,文化服务体系建设扎实推进,群众文化取得了明显的工作成效。

### (三)把握群众文化面临的新形势

当今社会,随着经济社会快速发展,人民群众对精神文化生活要求越来越高。广大群众迫切希望业余文化生活能够更加丰富,公共文化设施更加完善,公共文化服务体系更加健全,公共文化生活环境更加洁净,人们的生活不再单调,不再是在麻将桌上消磨时光,不再是在社区里"扯闲话",而是在社区综合文化站里读书、上网,或者是早晚在广场参与群众文化活动,进行一些形式丰富多彩、群众喜闻乐见的公共文化活动。然而,新形势下,如何进一步激发社区居民的活力,真正让公共文化生活"活"起来,营造积极向上的精神文化氛围,成为广大群众文化工作者需要深入研究和探索的重要课题。

## 二、新媒体对群众文化活动的影响

基于实效性角度审视新媒体技术对公众参与社会活动方式的改变能够发现,新媒体技术使得公众的精神文化诉求得以满足,不过同时也使传统文化无法保持对公众的吸引。有鉴于此,应辩证地分析新媒体技术对群众精神文化活动的影响,从而实现对其中正面效用的发扬及对负面效应的摒弃。①

### (一)新媒体给群众文化活动带来的挑战

新媒体对于传统群众文化活动的开展也会造成很大的冲击。新媒体技术依托信息技术创设而来,其由视频、音频、图片等形式实现使用者之间的高效信息传递与互动,从新媒体的交互性与及时性的特点分析,且不受时间与空间的限制,这对于传统的群众文化活动来说,是一个巨大的挑战。新媒体传播方式和表现形式的快捷多样,使得广大群众可以随时随地获得自己想要的信息,使其对群众文化活动的关注度与参与度下降。新媒体在媒体使用与内容选择上更具个性化,可以做到面向更加细分的受众,

①王辉,陈亮.新媒体时代群众文化[M].沈阳:东北大学出版社,2017.

而传统群众文化活动由于条件的限制,在信息容量与种类上都有着很大的局限性,这是传统群众文化活动所远远不及的。新媒体的互动性和参与性能够充分调动受众群体的积极性,能够让群众在互动体验中获得更加深刻的自我满足感,新媒体在信息的种类与容量上都具有极大的优势,可以充分满足受众对于多种多样的文化知识与信息的需求,这也是很多群众更愿意通过电脑或者手机进行文化信息的浏览与阅读,而对于参加群众文化活动却没有太大兴趣的原因。这也使得群众文化的积极性降低,增加群众文化活动开展的难度。

值得注意的是,新媒体中还存着许多不良信息,如虚假信息与网络诈骗等,也会存在一些造谣生事、煽动群众、诋毁社会形象的恶意信息,这些也都会给群众文化活动的开展造成一定的阻力。

### (二)新媒体给群众文化活动带来的机遇

事物往往都具有双面性,新媒体技术的普及应用为群众文化活动提供了全新的发展契机。从某种程度上来说,新媒体同样丰富了群众文化活动的内容形式,使得群众文化活动的拓展和外延得以扩大,实现了对传统群众文化活动传播的模式与内容方面的创新,尤其是新媒体技术以其高速的信息传播性及受众的广泛性,使得群众文化的传播获得全新的传播介质,为群众提供了实现线上文化高效互动的契机,给传统群众文化的变革带来了更多的可能性。新媒体在传播群众文化活动的同时,本身也必将成为群众文化活动的一部分,使群众文化活动开展突破空间与时间限制,可以在更广阔的平台上施展,使得群众文化的交流学习更为便捷。新媒体提供了多元文化的对接交流平台,使各个地区、风格迥异的群众文化活动的交流不再受到时间、空间的限制,为群众文化活动的开展提供了一个便捷的互动交流平台。另外,新媒体具有的个性化特征,可以通过互动更好地了解每一个受众的文化喜好与心理倾向,使新媒体信息能够更好地针对群众的个体需求,提供更加个性化的服务,使群众文化活动更具有吸引力。

当今社会,以网络新媒体为代表的网络信息技术快速发展,已经日益深入社会各领域,成为各种思想文化交流、交融、交锋的新阵地。党的十八大报告明确提出"加强和改进网络内容建设,唱响网上主旋律"的部署要求。这也给新媒体环境下的基层群众文化建设提出了新要求。为此,应科学把握新媒体发展的新形势、新特点,充分认识新媒体环境下,群众文化工作的着力点,对于提升群众文化针对性和实效性,增强吸引力和感染力,具有重要意义。

### 三、新媒体环境下群众文化工作的突破与改变

现阶段,在新形势、新环境下,很多的群众文化工作者没有从思想意识上进行突破与改变,还在一味地因循守旧,抱着固有的传统观念不放。在新生事物与旧有观念的矛盾冲突中节节败退或是故步自封,使得群众文化陷入了被动、不利的境地。

群众文化活动的吸引力和生命力源于活动的自身特色和方式创新,只有坚持自身特色不断焕发出活力,只有与时俱进,才能使群众文化工作发挥出应有的作用。

**(一)创新思维**

无论何种工作的开展,思想观念决定着成效。开放、创新的思想观念往往也代表着先进性。对于群众文化工作,创新思想是重要的先决条件,只有创新思想,才能与时俱进,才能在时代的变迁中保持工作方式和方法的先进性,才能符合时代发展变化的要求。保持群众文化活动的吸引力需要创新思维。保持群众文化活动的吸引力是工作开展的必要前提,只有具备足够的吸引力,才能让广大群众更好地参与到活动中来,活动的价值才能得到更完美的体现。在当前环境中,各种新媒体的出现,使得传统群众文化活动的吸引力逐渐降低,足不出户,人们便可享受到交流的乐趣,这对传统的群众文化活动造成了巨大的冲击。但是,我们也必须看到,互联网与移动网络也有着相似的弊端,新媒体并非完美无缺,取长补短、优势互补才是发展的必然,而这需要的恰恰是一种思想的创新。只有思想上不断创新,才能使眼界得到提高,才能使思想得到转变,化被动为主动,使群众文化活动得到更好地开展。

**(二)创新方法**

1.推进群众文化的多元化、普遍化

群众文化需求已经从原来的单一化转向多元化发展。当前,群众的精神文化需求已由单纯的兴趣爱好转变为"求知、求乐、求美"的多元化需求。既有强调文化享受的,又有要求彰显个体文化素养的;既有追求"下里巴人"传统群众文化的,又有崇尚"阳春白雪"高雅文化的;既有积极参

与的,又有爱好展示的,不一而足。

随着市场经济的纵深发展,人们对物质文化需求更加渴望的同时,也有条件去选择自己的精神文化。全球经济一体化和互联网的广泛普及,使人民与外界的联系更加紧密,对精神文化需求的意识显著增强,传媒也向着多元化方向发展。这些都促使群众文化多元化的发展成为必然之路。

2.借助新媒体拓展群众文化活动的宣传途径

新媒体,让公共文化服务机构具有自我生产和传播的能力,也让群众具有更多可选择的文化信息通道。推进新媒体平台建设,本质是公共文化服务机构建设其文化内容的自主传播渠道。利用新媒体开展群众文化工作,可促进群众文化工作不断实现多元化、普遍化,可以保证在多个信息传播线上消解公共文化服务与群众的时空距离。如建立官方网站、官方微博、官方微信公众平台等,可以在较短的时间、较大的范围内获得较强的宣传效果。重视在网络上、微博、微信公众号等新兴媒体上布局传播平台,建构彼此呼应、有效衔接的传播矩阵,是新媒体时代公共文化服务机构提升服务质量的必要选择。例如在基层群众文化建设中,有关部门可创造性地利用网络建立"网民沟通会"制度。"网民沟通会"以社区居民喜爱的活动为主题,在每次活动举办前相关部门可通过短信、网络等方式发布"会议启事",征集辖区内网民报名参加。相关职能部门需派专人负责解决网民普遍关心的问题,进行答疑解惑,以确保活动举办的高质量。又如还可以通过开通微博、微信,关注各种"网言网语",分析每周网络上民众关注的重点。

3.拓展群众文化工作的内容与服务功能

文化内容是群众文化活动开展的根本载体。文化内容必须根据群众文化信息的需求,借助于新媒体,传播正确的文化知识和文化价值观念,从而提升公民文化素养。要精心选题,在微博、微信等新闻媒体上持续推送优质的群众文化内容和活动信息。应用现代信息技术,优化新媒体平台功能结构,通过文本创意、视音频创意、虚拟现实等方式涉及文化传播单元,实现文化内容数字化、网络化,方便群众对文化信息和服务的访问,加大群众对文化活动的知晓度与参与度。

数字图书馆、群众文化互动平台等数字文化网络平台的建立,扩展了文化服务的工作模式,为群众提供了更便捷、更直观、更高效的文化服务平台。集图像、声音、文字、动画和数据于一体的数字文化网,能让群众以直观的方式轻松自由地进行文化体验,实现了文化资源跨地域的传播和共享。

利用媒体开展群众文化工作,可将广大群众变成实实在在的参与主体,不仅让他们自主提出问题、发现问题,还可以积极采纳他们的合理化意见及建议。这样,就实现了群众智慧与群众文化开展工作、社会管理工作的有益结合。由于网民来自普通群众,提出的问题一定是自己真正关心的,是自己真正想参与进来的,对整个活动有着清晰的感知和认识,许多意见建议不仅有针对性,而且可操作性很强,这就为相关部门工作的开展和解决实际问题提供了便利与帮助,促进了群众文化工作不断向前开展。

4.利用新媒体以群众为主导开展群众文化活动

新媒体的发展得益于互联网科技的不断发展,科学技术的发展可以更好地服务新媒体。在新媒体环境下,对群众文化信息的访问、发表、转载等行为,都能够自动存储在互联网上。文化机构网站的访问路径和时间、微信推送的阅读或点赞、微博或评论文本的发表转载等,在一定程度上反映着人民群众的真实文化需求。比如对某些文化内容的收藏、评论、点赞、转发等,就能够利用相关技术进行统计和分析。例如,统计群众登录什么样的网站,网站受访较为集中的时间、路径、人群情况。相关文化宣传部应该投入专门资源,对新媒体上的行为数据进行搜集、整理和分析,从而挖掘出群众文化生活需求,并在社会主义核心价值观的指导下,提供个性化的文化信息的传播。

5.利用新媒体加大群众文化工作的推广力度

利用媒体的本质——传播和宣传,尤其是利用新媒体传播快、广的特征,使群众文化推广工作在较短时间内获得更大范围的宣传效果,扩大群众文化工作的影响力。首先针对群众,对于群众文化信息缺乏的现象,面对"舆论源头"正面从传统媒体向网络媒体平台快速转移之势,通过编制包括名称、地址、职能、机构网址、博号、微信公众号等信息的公共文化服务机构名目,选择流量大的地方门户,通过线上入口或线下实际组织,进行活动内容、方式的宣传推广,提高群众文化工作的推广效率。相关部门要考虑设计常规化、系列化的线上传播活动。结合线下群众文化生活的组织,让更多群众关注、访问自己的新媒体平台,发展越来越快。例如,部分地区微博、微信公众号全面启用,微信视频的播放,官方平台与网民的积极互动,进一步激发了网民参与群众文化建设的热情,主流舆论的号召力、影响力越来越强,群众文化开展得如火如荼。各乡镇(街道)也纷纷建立起微信公众平台等新媒体载体,积极宣传政策知识、廉政文化、乡土人情。要积极发挥网络新媒体的平台优势和传播优势,全面报道每一次大型群众文化活动的开展情况。充分展现当地群众的精神文化生活,大力宣传每一次群众文化活动举办的重要意义,为深入推进群众文化工作建设营造良好的网上舆论和社会氛围。

新媒体形式的群众文化将会摒弃传统群众文化建设中工作单一的缺点,将一些不具有吸引力的文化节目活动进行淘汰,或将其进行改造,增强其时代感。在形式上、内容上及专业技术上都有大力的改革和发展,符合现代化社会背景下群众精神文化生活的细腻,具有层次感的趋势。迎接互联网的挑战,实现群众文化活动开展的"华丽转身"。同时群众文化服务机构应建立新媒体传播和管理的工作团队,从事文化服务的需求调查、文化内容建设、与群众互动沟通、创意传播、平台推广、效果监测等工作,政府部门应该在政策、资源、技术等方面,对群众文化服务机构的新媒体传播建设进行引导和鼓励,在制度上促进各群众文化机构利用新媒体来提供群众文化信息服务。

# 第二节 群众文化活动中的新媒体应用实践

本节以动漫相关活动为例来说说明群众文化活动中的新媒体应用。

## 一、动漫的相关概念及前景

### (一)相关概念

1.新媒体动漫的概念

新媒体动漫,是指以触摸媒体、移动电视、网络、数字电视、数字电影等为平台向观众展示的动漫形态。

2.动漫产业的概念

动漫产业是以创意为核心,以动画、漫画为表现形式,包含动漫图书、报刊、电影、电视、影像制品、舞台剧和基于现代信息传播技术手段的动漫新品种等动漫直接产品的开发、生产、出版、播出、演出和销售，以及与动漫形象有关的服装、玩具、电子游戏等衍生品的生产和经营的产业。它是资金密集型、科技密集型、知识密集型和劳动密集型的产业集群，具有消费群体广、市场需求大、产品生命周期长、高投入、高回报率、高国际化等特点。

**（二）新媒体动漫前景广阔**

近年来，在各级政府的大力支持下，我国原创动漫已经与世界动漫在产品、技术、项目、人才等层面展开了全方位交流合作，但是，其内容远远落后于其他动漫强国。随着手机、网络等新媒体技术的发展，动漫开始告别传统传播渠道，向着以"科技"为先导的"大动漫"产业过渡。

相比欧美、日韩等传统动漫强国，中国新媒体动漫市场发展前景异常广阔。有业内人士表示，中国动漫应在新媒体领域寻求突破，使得动漫不仅仅是内容上的产品，也能成为应用型的产品，和更多行业融合。西安碑林科技产业管理办公室副主任孙志红认为，动漫和新媒体的跨界合作已是趋势，无论是从新媒体的应用面还是使用人群来看，都有一定优势。

**二、新媒体动漫发展历程**

网络动画最早是通过Flash软件的普及而发展起来的，Flash软件改变了早期网页平面静态的特点，逐渐渗透并影响着广告、电视、电影等传统媒体。2000年年初，国内视频网站开始兴起，各种"闪客"（国内Flash的使用者）开始运用Flash技术制作动画短片，当时比较火爆的作品包括：国内"闪客"桂华政创作的"阿桂"系列和香港showgood公司创作的"大话三国"系列等；2000年年底，音乐人小柯的《日子》以Flash MV的形式在电视台出现；2001年8月初，歌手孙楠的首张Flash音乐专辑面世；2002年，Flash广告网络开始全面推广。

从2006年到2010年是中国新媒体动漫发展的成长时期，这一时期的新媒体动漫呈现出弱、小、散，以个人或小团队创作为主的草根特点。2006年，杭州玄机科技的"秦时明月"系列动画连续剧开始在互联网上进行传播。"秦时明月"不仅是国内大型武侠类动漫的最早的代表作之一，至今仍是同类作品中的翘楚，拥有较高的收视率和影响力。2006年和2007年，悠嘻猴和兔斯基分别通过QQ表情、单幅漫画等形式在网络上蹿红,成为新媒体时期新型动漫作品的代表。2009年是我国手机业的3G元年,同时也是新媒体动漫大年。相比草根卡通明星短、平、快的成名历程,2009年更具有"大制作"气质的草根动画也相继浮出水面。如《超级包子》系列、《打,打个大西瓜》《李献计历险记》《功夫兔》系列等在网络上登场后,立刻引起广大网民的喝彩与共鸣。

2010年以后,许多在传统动漫领域经营多年的动漫企业开始转战新媒体市场,相关领域有实力的平台类,综合类企业也开始向新媒体动漫领域发展,新媒体动漫开始进入行业整合、优胜劣汰的新阶段。2010年1月28日,我国首个手机动漫公共技术服务平台在长沙启动,为手机动漫业务内容创作、内容集成与分发、服务运营等提供全方位服务。中国移动手机动漫基地于2010年4月正式落户厦门,该基地通过提供内容浏览型产品、动漫数字衍生品,满足用户"看动漫"和"玩儿动漫"的基本诉求,实现"动漫手机化"与"手机动漫化"的战略目标。中国电信动漫运营中心于2010年11月18日在厦门正式揭牌,并正式推出"天翼"动漫业务。中国联通手机阅读基地与众多手机动漫内容提供商广泛合作,并于2012年成立沃动漫基地。高清视频网站爱奇艺于2011年3月9日启动中国首家原创动漫视频发布平台。

2012年3月,腾讯公司的原创动漫发行平台官方网站(http://m.ac.qq.com)正式上线运营。2012年7月,国内首家基于微博应用的大型漫画阅读分享平台新浪微漫画则推出了微漫画激励计划。新媒体动漫竞争日趋激烈,开始进入群雄逐鹿的时期。

在产值方面,根据相关研究机构统计,2011年-2013年,我国新媒体动漫产值分别达39.78亿元、58.36亿元、71.85亿元,期间我国动漫产业整体增速为20%左右,新媒体动漫的增速为同期动漫产业增速的两倍多,说明新媒体动漫正日益成为动漫产业发展的重要推动力量。

### 三、新媒体背景下动漫产业发展的新特点

#### (一)制作方式的新特点

长篇网络动画打破了传统动画整体制作再播出的传统模式,它是利用网络的同步性进行分阶段的制作与播出。分段制作的模式大大缩短了动

漫企业制作资金的运转周期,并且由于分段制作可以保持特效与制作技术的市场同步性,并及时根据观众的反馈来对产品进行调整,大大降低了动漫产品的市场风险。

由于新媒体动漫的制作成本和传播成本都大大降低,使得动漫的UCG(用户生产内容)模式在新媒体时代成为可能。目前在互联网上比较活跃的卡通形象大多由草根阶层创作,并获得了网民与普通大众的喜爱。源自草根阶层的卡通明星大多造型简洁,容易识别,富有个性,走可爱路线,因此能够从草根涂鸦文化的汪洋大海中脱颖而出。其相关作品常常以Flash动画短片、表情动画、桌面壁纸、屏保等形式在互联网上广为流传。

新媒体动漫与传统动漫相比,与网络游戏、网络文学等新媒体内容产品有着天然的血缘关系,这使得新媒体动漫与其他新媒体内容产品之间的融合和衍生创作更加方便和丰富。由七彩映画工作室出品的原创3D网络动画《我叫MT》,其创作背景原型是暴雪公司著名的网络游戏《魔兽世界》,在国内市场取得了很大的反响。

改编自知名网络写手唐家三少的小说《斗罗大陆》的同名漫画迅速走红,作者穆逢春的收入也跻身漫画作者收入前五。3D动画电影《昆塔》则是在国内首个儿童思维养成体验的互动网络平台"盒子世界"的背景基础上推出的动画电影。[①]

### (二)产品形态的新特点

在新媒体平台上,既有将传统动画、漫画通过新媒体平台进行传播形成的网络动画、网络漫画、手机漫画等产品形态,也有只在新媒体平台上才存在的彩漫、手机主题、壁纸屏保、QQ表情等新型产品形态。最具代表性的则是在新媒体平台上出现了没有内容产品为载体的动漫明星,这在传统动漫产业中几乎是不可能的。

前面提到的悠嘻猴和兔斯基最早都是通过QQ表情广为传播。除此以外,目前以形象为中心进行品牌打造的最成功的案例则是由北京梦之城文化有限公司运营的阿狸动漫形象。2006年,阿狸推出QQ表情等互联网虚拟产品并蹿红于网络。目前,包括阿狸QQ表情、社区模板、输入法皮肤、壁纸等在内的互联网增值产品覆盖上亿用户。梦之城后来推出了阿狸

①梁志琼. 探究如何在新媒体时代环境下推广群众文化工作[J]. 环球市场,2020(11):220.

系列的绘本和动画短片,打造了300余款阿狸产品,品类包含毛绒公仔、服饰、箱包、文具、生活用品等,除了在天猫、淘宝、当当、京东等线上渠道热销之外,首家线下实体店也在2012年底落户北京中关村,并开展了与太平鸟家纺、DQ、御泥坊等品牌的商业授权合作,成功实现了新媒体动漫形象从线上向线下的"逆袭"。

新媒体的传播平台让应用动漫有了更为广阔的发展空间。所谓应用动漫是指动漫这一艺术表现形式在广告、灾害、航天、医疗等领域的应用,通过动漫的形式对某些实际场最进行模拟、复制和还原。相对于传统的传播方式,动漫的最大特点是再现与原创的迅捷性。新媒体的普及与应用,网络动画的低成本,以及智能手机的普及,促进了各种动画题材的出现。

### (三)传播方式的新特点

新媒体动漫在传播方式上的首要特点是交互性。数字艺术的交互性特征,归根结底是由其相关媒体所具有的交互性所决定的。美国学者爱略特·金对"交互性"这一概念指出:一方面,它表明用户已有可能控制用何种顺序来获得信息;另一方面,也可用来描述在信息的生产者与消费者之间日益增长的交互关系,也就与反馈有关。

在传统媒体例如电视、杂志、出版物上传播的动漫产品,消费者只能被动地接受,渠道控制者如电视台、出版社、杂志社、电影院线在动漫产品的传播上有着极大的话语权,这也使得在动漫行业一直有"渠道为王"的说法。但在新媒体时代,消费者可以在海量的动漫产品中进行自主选择,不仅可以选择使用和消费动漫产品,还可以选择传播动漫产品。新媒体环境下的UCG模式使得动漫产品如何能够被消费者看到变得容易,但同时使得动漫产品如何在众多产品中被消费者关注和传播则变得困难。动漫产品只有具有能够吸引消费者的内容才能得到广泛的传播,这也使得传统动漫产业以"渠道为王"的状况开始向"内容为王"转变。新媒体动漫在传播方式上的另一个特点则是传播媒介的多样性。互联网、手机、数字电视、楼宇视频、车载视频、平板电脑等各种移动终端的出现,让新媒体动漫可以在多种媒介和终端上进行传播,同时各种终端之间数据格式和标准的不同也为新媒体动漫的发展带来了极大的挑战。

### （四）消费市场的新特点

新媒体动漫在消费市场上的新特点主要表现为消费者年龄由低幼年龄段向全年龄段发展。新媒体的发展为国产动漫产业引来了发展成人动漫的新契机，动漫正从针对低幼儿童的娱乐产品，演变为全龄化的文化产品。这样的变化不仅拓展了国内动漫产品的内容形式，还因为成人具有更强的付费能力而使动漫产业出现了新的盈利模式。

### （五）盈利模式的新特点

与传统媒体由传播渠道商向内容提供者购买动漫内容产品，然后免费提供给消费者的经营模式不同，新媒体平台下，支付渠道日益成熟，让消费者直接付费观看动漫产品成为可能。在互联网动漫行业，企业通过搭建在线平台或者与门户网站合作的形式来销售自己的动漫作品。随着人们对原创动漫重视程度的不断提高，用户对动漫作品的消费习惯逐渐养成，一些知名动漫网站对用户的黏性度也持续增强。手机动漫则由于电信运营商具有天然的收费渠道，手机动漫市场的快速发展也得益于运营商为主导的服务模式、营销体系，以及个人付费模式的成熟。艾瑞咨询的调研数据显示，全国动漫爱好者约有 1.6 亿人，其中 54.6% 的人对手机动漫感兴趣，有 58% 的用户愿意每月支付超过 5 元的使用费。

## 四、新媒体时代动漫对群众文化的影响

### （一）践行"以用户为中心"的新媒体理念，发挥群众文化活动的主体性功能

群众文化活动的主体是群众，充分发挥群众的主动性，构建生动的文化内容，提供多样的文化选择，强调群众参与、共享共建。新媒体时代不再只是把群众文化活动理解为简单的读书会、游园会等，而是真正从供给的角度思考群众喜爱什么，需要什么，如何提供优质的文化服务。要在文化信息传递、文化资源提供的基础上，进一步转向"以用户为中心"的服务理念。应用新媒体技术构建起良好的群众文化沟通机制、文化资源展现平台。例如，中国国际动漫节在如何利用新媒体真正发挥公共文化活动群众的主体性方面做了有益的尝试。在 2015 年动漫节期间，推出利用新媒体技术制作的电子游览地图，采用虚拟三维展现场馆布局、群体活动信息等各类内容，以动画触发的方式引导观众虚拟浏览动漫节的各大主题内容。

同时,还开通了"码上智慧博览",充分运用新媒体的便捷性和大众化,利用每个观众自带的手机边逛边扫码参与互动,推出了便捷的"码上核销""码上点亮""无人码商店"等新媒体文化服务内容。充分调动群众参与文化活动的积极性,参与文化活动的共建共享。

### (二)借助新媒体社交平台,吸引更多年轻人参与群众文化活动

新媒体技术的出现,为丰富群众文化活动的内容提供了便捷、广阔的平台。时代的进步,丰富了人们的精神文化生活。举例来说,许多媒体开通了资讯收集热线,来鼓励用户去发现、探索身边的人和事物,借此建立媒介与用户间的沟通与平衡。

如翔通动漫就是利用移动互联网门户、掌上电视、手机社会网络、电子阅读、手机微博等形式,整合自己的传播资源,使动漫文化以动漫作品的形式来传递,有效利用新媒体的传播阵地,为翔通动漫的文化构筑奠定基石。

互联网的出现,使得人们的精神文化生活选择更趋细化。为适应不同层次群众的需求,群众文化活动的内容也应根据时代的变化不断丰富。动漫作为独特的国际化语言与表达方式,正被越来越多的"90后""00后"喜欢,而这些群体是未来公共文化服务的主体,分析他们的文化需求和爱好,提供他们需要的产品、活动、服务,正是未来公共文化活动创新发展的目标。这个庞大的人群,一方面物质生活富足,衣食无忧,因而把更多精力和追求放在精神文化层面;另一方面,他们自主获得文化内容的路径更多。二次元的动漫游戏文化内容,成为这一代年轻人的普遍追求。

### (三)通过新媒体技术革新,探索多元并蓄的活动内容与形式

传统的群众文化活动在互动性与参与性方面较弱,有些活动沿袭旧例,在今天看来,已经不适合人们的社会生活。因此,革新传统群众文化活动,需要在内容上加强时代感,在形式上紧跟新技术、新事物。动漫节、国际漫画展在举办四届之后,尝试借助新媒体等手段改变传统的画展模式。通过屏幕投影、全息影像、3D立体画、动态捕捉技术、新媒体互动和绘画艺术相结合,在高清晰的连环巨幅屏和幕墙、地面上,让漫画真正"动"起来。观众通过挥手、眨眼、走动等方式与漫画互动,给观众带来了丰富的体验效果。

### (四)做好新媒体日常运营,延展群众文化活动的空间与时间

传统的群众文化活动往往受制于时间和空间的限制。伴随数字媒体技术、网络远程辅助技术的发展,可以为非本地的群众提供远程文化服务,延展了公共文化活动的空间和时间。为了打造永不落幕的动漫节,开通了"两微一网"新媒体服务平台(微博、微信、官网),做好日常运营。以动漫节官方网站为例,除了动漫节期间开放的"网上游动漫"之外,更注重动漫节之后活动内容的延伸,不仅提供电子商城,还可以创建动漫微博;不仅会发布产业最新走势,还会组织各种文化活动。

除了做好官网运营,自2012年动漫节主办方开通官方微博、微信以来,截至2016年,微博关注人数达209484人,发布2906次微博话题,单次微博话题阅读量超百万次;微信共计发布740条内容,单次转发量超万条。

新媒体不仅单指网络平台,手机平台也是其中一员。目前,中国移动、电信、联通都已设立了动漫基地,动漫作品也要开始进入手机平台,获取新的盈利点。据了解,艾乐米动漫公司的原创作品《菊花笑典》也开发了手机客户端,新浪微博《菊花笑典》粉丝量快超过1.3万人,"菊花笑典"在百度相关搜索结果量达到2.15万次,人气热度在猫扑网和新浪微博"微漫画"平台上名列前三名;天津神界漫画公司与移动动漫基地合作的手机漫画《三国演义》,一年内下载量达到近100万次;金鹰卡通制作的《美丽人生》系列手机动画电影,通过该平台转换成手机视频、手机彩信、手机动漫电子书等多种形式进行运营,下载量达到了60万次,这个数字远远超出动漫制作方的预料。这些都是动漫作品谋求新盈利点的方式。

### (五)发挥新媒体协同机制,提升大型群众文化活动的组织协调性

按照现代公共文化服务的要求,政府和社会各机构之间要按照实际情况划分组织结构,进行内部组织结构的协同工作,为大众搭建起获取信息、提高文化素养的平台,为群众提供更多更好的信息服务。通过新媒体等手段,可以有效提升大型公共文化活动的组织协同性。以动漫节为例,在组织活动过程中需要协同公安、交警、消防、各城区分会场等相关机构。以往常常需要通过开协调会、通气会、现场办公等方式沟通,现在利用新技术和新媒体,通过彩云业务、阿里钉钉等新媒体技术软件,进一步完善现场文化活动指挥协同管理机制、市区两级多方联动机制、紧急情况应急处理机制等一系列工作机制。此外,还采用大数据分析的方法,监控采集

博览会场馆人流计数、周边交通情况等数据。综合分析、定期发布出行指数与参观建议,通过"杭州发布""滨江发布"等新媒体广泛传播,提前做好人流的引导和管理。

### (六)依靠新媒体强势植入,宣传推广群众文化活动成果

对于群众文化活动来说,在当前形势下,进行强有力的宣传工作是十分有必要的。借助新媒体来开展活动的宣传工作,无疑是更加有效的途径。新媒体具有传播速度快、受众广泛的特点,利用新媒体拓展宣传途径,可以在较短的时间、较大的范围内获得良好的效果。动漫节是一年一度的大型城市公共文化活动,也是卓有成效的公共文化成果的宣传。以2015年动漫节为例,共吸引境内外105家传统媒体与新媒体482名记者集聚杭州,其中新媒体比例高达60%。人民网、新华网、腾讯、搜狐、乐视、爱奇艺等25家网络媒体和新媒体平台相继开设动漫节专题报道。百度搜索2015年"杭州国际动漫节"内容超过369万条,新浪微博"第十一届中国国际动漫节"话题的阅读量突破1000万。动漫节期间,官方微博的阅读量超过350万次。官方微信的阅读量超过3.5万次,收到用户信息近万条。此外,通过动漫地铁在线广播、浙江新闻APP、动漫节APP客户端等新媒体渠道,直接覆盖人群达3000万人次。

# 参考文献

[1]杜染.群众文化的现代化[M].北京:华龄出版社,2018.

[2]董治霞.关于新时期的群众文化建设[J].办公室业务,2017(1):6.

[3]黄丽.新时期群众文化研究[M].银川:宁夏人民出版社,2014.

[4]韩彤.传统的传承和变革:民间美术与群众文化的功能及发展[D].兰州:西北师范大学,2014.

[5]黄玉凤.文化融入与城市社区治理现代化建构:以昆明市A社区的文化实践为例[D].昆明:云南财经大学,2020.

[6]汲广运,徐东升,李纪岩.马克思主义群众观研究[M].济南:山东人民出版社,2014.

[7]蒋强.新常态环境下加强乡镇群众文化建设工作的策略[J].神州,2020(18):288.

[8]李会霞.关于群众文化的建设的思考[J].明日风尚,2017(2):359.

[9]梁晶.面向群众文化需求的河北省文化惠民项目改进对策研究[D].石家庄:河北师范大学,2016.

[10]梁志琼.探究如何在新媒体时代环境下推广群众文化工作[J].环球市场,2020(11):220.

[11]李峰.试析群众文化建设对精准扶贫工作的推动意义[J].青春岁月,2020(11):434.

[12]罗均裕.关于新时期基层群众文化建设工作的现状思考[J].区域治理,2021(21):154-155.

[13]毛霞.文化消费与文化建设互动关系研究以河南城镇居民消费群

为例[D].新乡:河南师范大学,2013.

[14]苏超.文化共享工程"可持续发展研究[D].天津:南开大学,2014.

[15]王辉,陈亮.新媒体时代群众文化[M].沈阳:东北大学出版社,2017.

[16]王燕.当前我国人民群众文化需要问题研究[D].太原:山西大学,2013.

[17]吴正泓.社会力量参与公共文化服务供给模式研究[D].天津:天津大学,2018.

[18]杨真.浅析乡镇群众文化的建设与发展[J].活力,2019(2):18.

[19]余音.基于传承优秀传统文化的公共文化服务研究:以上海市嘉定区文化馆为例[D].上海:东华大学,2020.

[20]杨珺.群众文化团队的政府管理模式研究:以奉贤区南桥镇为例[D].华东政法大学,2014.

[21]谢桂领,许珏芳,何立营.文化工作与群众文化建设研究[M].长春:吉林人民出版社,2020.

[22]徐月萍,张建琴.乡村振兴背景下乡村群众文化阵地建设[M].南昌:江西高校出版社,2019.